象徴天皇考

小堀桂一郎

象徴天皇考

*目次

第Ⅰ部　「象徴天皇」考

第Ⅰ部

「象徴天皇」考

1

天皇＝象徴観の淵源と定着

一、譲位の御意向表明の波紋

今上天皇・皇后両陛下は平成二十八年七月十三日に葉山で御静養中であつたが、この日に天皇が御在位中に譲位したいとの御意向を内々にお示しになつてゐる由が洩れ伝はり、それは直ちにNHKのテレヴィで報じられた。テレヴィを見る習慣の無い筆者は翌七月十四日の新聞紙上の特大の記事でその事を知つたが、その段階では宮内庁の次長は、その様な事実はないと否定してゐた。

然しその様な重大な報道が一過性の誤報であるとは考へにくく、世間は直ちに活溌な反応を開始し、ジャーナリズムは当然ながら一斉にこの事件をめぐつての国民の反応の取材と論判の掲載で賑はひ始めた。

世間一般の大衆は、憲法や皇室典範の規定などに関心を持つ必要はない故に、庶民感覚そのままに、あの御高齢では皇位に在ることのお疲れも無理からぬ次第、陛下御自身の御希望通りに譲位されて爾後はゆつくりお休み頂くのがよいのではないか、といつた受けとめ方が多数派を占めてゐた様であつた。一方所謂識者階層の間では、反応はさう單純ではなく、憲法が全く想定してゐない事態の出来に、かなり複雑な表情を含む種々の意見が出されてゐた。

やがて約三週間後の同年八月八日に、今上陛下御自身が国民一般に向け、テレヴィの画像を通じて、直接に、譲位の御意向について国民の理解を求める、といふ異例の出来事があつた。

かうなつては宮内庁も、当初は見解表明を敢へてしなかつた政府も、御意向のほどを否定すべくもなく、その時期は一両年の中かとの含みを持たせながらも、御譲位は動かせぬ決定事項と看做されるに至つてゐた。

なほその十月頃までは、新聞では生前退位といふ表現を各紙が用ゐてゐたが、皇后陛下がこの文字遣ひに強い違和感を表明された事もあり、産経新聞が率先してであつたかと思ふが、譲位といふ表現を用ゐる様になり、他紙も多くはそれに追随したかと記憶してゐる。

扨、八月八日に陛下が譲位の御意向を直接国民に向けて表明されたといふ未だ曾て例の無かつた事態は、現在の皇室の状況に憂慮を抱き、その御安泰を念願してゐた民間の有志の人々にはどの様に対処したらよいのか俄かには判りかねる難題だつた。その人々は、雲の上なる皇室の御事に草莽《そうもう》の身で口を插《さしはさ》むのは畏れ多い、との恐縮に深く囚はれてゐるが故に、従来あまり公には発言してゐなかつたが、近い将来に予想される皇室の先細り、衰退といふ危機的事態を何とかして無事に切り抜け、末長き御安泰を図るための方策を、ともかくも平生考へ続けてゐた、その矢先の事だつたからである。

陛下がそこで表明された御在位中の譲位といふ御意向は現代尊皇派一統の考へてゐた危機打開の方策とは全く違つたものであつた。もし陛下の直々の御意向の表明を国民の側から要望し奉る事が許されるとしたら、その時に人々が仰ぐことを秘かに期待した優諚《ゆうじょう》は、皇室の藩屏《はんぺい》の再建について、現行法制を超えた次元で国民の建設的な考慮を上申せよ、といつた内旨であつて、即ち皇室の将来の繁栄に向けての国民の支持を要望する主旨の御《ご》諚《じょう》であつた。

現行法制を超えた次元のものとなりうる叡慮を、直接国民に向けて表明されることの危ふさは、陛下御自身がよく認識してをられる事だつた。八月八日の「お氣持ち全文」（産経新聞の付した見出し）の中に〈憲法の下、天皇は国政に関する権能を有しません〉とのお言葉がある事はその御認識を証するものである。それにも拘らず、御高齢による本務履行の困難を収拾する方便としての譲位の実行といふ発想に達せられた。つまり現行の憲法並びに皇室典範に規程のある摂政の冊立《さくりつ》を否定され、典範に規定の無い譲位といふ形での国事行為からの引退を表明されたわけである。

さうなると、今回の御意向表明は、陛下の個人としてのお考へを法制の上で実現するために、憲法の規定とは離れた次元で、つまり超憲法的措置の執行を求めて先づ直接に国民の理解を得ようとされた行動である。

我が国の公儀に於ける憲法遵守の感覚は表向き非常に硬質である。今上天皇も即位の大典を挙げられた折に、憲法を守り（遵守であつて第九条護持に執着する党派が唱へる護憲ではない）と仰せられた事が世人に記憶されてゐる。曾て、昭和五十三年の事だつたが、統幕議長の栗栖弘臣氏が、現行憲法の厳しい制約の下では一朝国家緊急事態が発生した場合には超法規的措置を以て対処するより他ない、と、さう発言しただけで、時の防衛庁長官金丸信からその職を罷免されるといふ事件が起つたほどである。

尤も斯かる憲法尊重至上主義は所謂建て前であつて、現に憲法二〇条3項に謂ふ国の宗教教育・宗教活動禁止の条項は宗教学校への国費の補助といふ形で空文化してゐるといふ現実がある。よく指摘される現行憲法の抜穴である。これは現実の必要、といふより既得権なるものが憲法の建前を上廻る力を有してゐる事例と見てよいであらう。一方この同じ憲法規定が、神社神道に対しては、宛ら米軍占領中の神道指令の横暴と同様の酷薄な政教分離原則の要求となつて迫つてくるのであるから、国法も結局は政治権力の下位に立つ行政の方便といふべきか。

さういふわけであるから、今上天皇の超憲法的勅諚も、或いは同じ様な厳酷な扱ひに遭遇するのではないか、との危惧を覚える向もあつた。ところが天皇の国事行為に対し〈助言と承認〉の責任を負つてゐる内閣も、又国民一般も、天皇の〈個人として〉の御意向表明には、不思議なほどの同情をこめた寛容な対応を示した。

憲法を超えようとする動きに対しての政府と民間双方のこの柔軟な対応は歓迎に値するものだつた。元来日本国憲法とは、大東亜戦争に於ける敗戦国が戦勝国に向けて提出せしめられた、敗者の臣従の誓ひの如き代物である。昭和二十年九月に休戦協定が締結された時、米国内部の対日強硬派は、ポツダム宣言に列記した、日本の国体護持を承認する意味の一項を含む停戦条件は寛大に過ぎるとの不満を抱いてゐた。その分の埋め合せは日本占領政策の実行を通じて取返しをつける事ができると考へた。彼等の欲求不満に発する占領目的を達成する手段として、米国製日本国憲法の採択強制といふ政策が強行されたといふのが実情である。附帯的な状況はいろ〳〵とあつたが大筋を言へばさういふ事になる。

さうである故に、現憲法の持つ主権拘束的な字句に捉はれない、超法規的な運用を敢へてしてゐる様な国政上の措置に遭遇すると、現憲法の採択強制を国辱と感じた記憶の消えない一統は何となく快感を覚える。我が立法府自らがこの拘束を破る挙に出てくれる事を大いに歓迎したい氣持が強い。

然し今度の場合は、憲法の含む国家主権拘束条項ではない、皇室典範が規定する皇位継承準則に関はる点での超法規的措置であるから、事情はやゝ複雑である。つまり現に御在位の天皇の個人的な御意向に発して超憲法的事態の発生を容認する事があり得る、さうした前例が成立する事自体に一抹の社会的不安が伴ふ。

この超憲法的事態の不安定感は、平成二十九年十二月に皇室典範特例法の制定といふ形で解決した。この非常の秋に当つて、皇室会議の議長でもある内閣総理大臣が、長期安定政権としての自民党総裁である安倍晋三氏であつた事は洵に宜かつた。特例法はその名の通り今上陛下御一代に限つて譲位を認める特例の法であつて、この前例が将来皇位に即かれる天皇の御存在にとつての不安定の因子とならぬ様な一応の配慮を施した上での立法である。将来いつか同じ様な事態が生じて、又特例法の制定が必要となる機会が絶対に無いとの保証はできないが、ともかくも今回の件が前例として踏襲される惧れを未然に防いではゐる。

ところで二十八年八月八日の天皇陛下の御意向表明には別に標題が付せられてゐたわけではなく、新聞では「お氣持」との見出しをつけてその全文を掲載してゐたが、その後その内容を勘案して「象徴としてのお務めについて」の御意向表明であつたと捉へ、その標題で要旨や全文を掲載する印刷媒体がいくつか眼についた。そこで一つの論題が浮上して来る。

二、「象徴とは何か」の再検討

今上陛下は、憲法第一条に謂ふ所の、日本国の象徴、国民統合の象徴といふ規定を強く意識して居られた。「お氣持ち」では、それを、

〈即位以来、私は国事行為を行うと共に、日本国憲法下で象徴と位置づけられた天皇の望ましい在り方を、日々模索しつつ過ごして来ました〉

と仰せられてゐる。その模索を重ねられた結果得られた結論とも申すべき在り方が、

〈私はこれまで天皇の務めとして、何よりもまず国民の安寧と幸せを祈ることを大切に考えて来ましたが、同時に事にあたっては、時として人々の傍らに立ち、その声に耳を傾け、思いに寄り添うことも大切なことと考えて来ました〉

との御述懐になる。即ち皇祖皇宗の神霊に対して蒼生の安寧を祈る、祭祀の司としてのお務めと同時に、何か事が生じた際には国民に直接に接触する機会を作り、民の聲を聞き、民の情を察する、といふ行動に出る事も国民統合の象徴としての役割に属する、との理解をお示しになつたわけである。

その役割といふ文脈で、

〈こうした意味において、日本の各地、とりわけ遠隔の地や島々への旅も、私は天皇の

象徴的行為として、大切なものと感じて来ました〉

とのお言葉もあつた。確かに、大きな自然災害が発生した時、遠隔の山間僻地であらうと海路を隔てた離島であらうと、交通の不便なるを厭はず、皇后と御同道でよく行幸啓を果たされた。そして被災した人々に対し、親身な慰撫・激励のお言葉をかけられるのを常とした。その際の御姿勢なども、慇懃の度が過ぎるのではないかと思はれるほどに、庶民と同じ平面に位置されての御慰問であることが報道写真を通じて国民全般に伝はつた。皇室に対してとかく敬意を欠く事の多い左翼寄りのマスコミでも、かうした両陛下の御行動を事実のままに報道はするのであるから、国民は、天皇が大切に考へてをられるといふ象徴としての御行動についての理解を深め、感謝し奉ることを自然に身につけて来た。

但、お言葉をこの件りまで読んだ時に、氣付かされることがある。

陛下のお氣持表明の文中に災害被災地への行幸はふれられてあるが、他方度重ねての戦蹟地への慰霊の行幸については何故か御言及が無い。

今上陛下は御即位後間もない平成四年秋に、当時の内閣の誤れる親中政策に発した助言に従はれ、中共政府の下心を見抜いてゐた多くの識者の反対にも拘らず、全く有害無益の、悔を千載に残すといふべき中国訪問を挙行せられた。一方、あたかもそれによつて生じた保守派の憤懣を宥める如き結果を得ることになる硫黄島戦蹟への慰霊行を平成六年の春に果たされた。この行幸啓は、そこで詠ぜられた御製・御歌が見事なものであつた事もあつて非常な感銘を呼んだ。

翌平成七年は昭和二十年九月の停戦協定成立後五十年の記念年だつた事もあり、先帝陛下の遂に果たし得なかつた御念願であつた沖縄本島の戦蹟への慰霊の行幸を実現された。続けて停戦六十年に当る平成十七年には大量の民間人犠牲者を出した悲劇の島サイパンへも行幸啓を賜り、民間人多数の投身自殺断崖での海に向つての懇ろな御低頭の写真と痛切な哀悼の御製・御歌が再び深い感銘を国民の心に喚起した。

更に停戦七十周年の平成二十七年にはパラオ諸島に出向かれ、天皇の島との異名を持つほどに先帝陛下が守備隊の健闘への御嘉賞の叡慮を重ねられたペリリュー島にも赴かれた。翌二十八年一月には玉体の御衰老が眼に見える形にまで進んでゐたにも拘らずフィリピンに渡航された。これも国際親善のための皇室外交といふよりも大量の戦歿者が生じた戦蹟地への慰霊が第一義の御旅行であつた。更にその翌年には同じ目的でヴェトナムへの御旅行も果されてゐる。

かうした度重なる海外戦蹟地への戦歿者慰霊の御旅行も、日本国の象徴としての重要なお務めの中に入るとの聖慮の所産と思はれるのだが、この御事蹟についてはお言葉の中に何らの言及がなかつた。

それは敢へて口に出す迄もない、国民一般が周知の、単純な事実だからだ、といふ理解もあり得よう。だが、自然災害被災地への慰問の御旅行に少しも劣らぬ御苦労を伴ひ、且つ象徴としてのお務めの意義についても重大なものである戦蹟地への巡礼行にふれてをられぬ、その事の裏には何か深い御軫念が潜んでゐるのではないかと、それも氣懸りである。

即ち、大東亜戦争での戦歿者一般への慰霊も〈象徴としての〉お務めの一環であるとするならば、それは戦歿者達の「魄《はく》」の眠る戦蹟地に向けてであるよりも、彼等の「魂《こん》」が帰り来て祀りを受けてゐる靖國神社に詣でてこそ十全に果たされるはずだ、との霊の論理といふものがある。天皇の靖國神社御親拝は、国家が英霊に対して果すべき、それこそ是亦言葉の本来の意味での象徴的な慰霊鎮魂の義理である。その義理を果さずして、各処の戦蹟地へ赴かれるといふのはそこに慰霊対象の選択が生じ、取り洩らしが生じてゐる事を結果してゐる。一たび靖國神社に詣でられるならば、全ての霊は其処に祀られ、鎮まつてをられるのであつて一切の遺漏といふものはない――。

三、靖國神社御親拝未成の現実

陛下が海外の戦蹟地への慰霊行に言及されなかつた事への微かな不審の念が、翻つて又、御即位以来三十年間、靖國神社への御親拜をまだ一度も果されてをられないといふ冷厳な事実を我々に思ひ出させた。

先帝陛下に於かれても、昭和五十年十一月二十一日の恰も御微行の如き控へ目の御親拝を最後として、以後崩御までの十四年間、例祭毎の勅使の御差遣は一度として欠かせられてゐないが、行幸は途絶えたままになつた。

御親拝の途絶が御自らの叡慮に発するものではなく、それを妨げてゐる或る邪悪な政治勢力の作用によるものである事は確実であつたが、民間人からの御要望程度で、その妨害の壁を破る事は到底困難であり、靖國行幸復活への民間人の熱望は叶へられぬままに昭和の御代は過ぎ去つた。

平成の御代に入つても靖國神社に向けての東京裁判史観信奉派による政治的敵視の悪意は、まさに彼等の政治的必要に応じての動きである故に終熄の氣配はなかつた。それに加へて、昭和六十一年八月に時の首相中曽根康弘が、中国共産党内部の勢力争ひの飛沫を受けただけで、脆くもその恫喝に屈服し、総理としての靖國神社公式参拝を中止した、この国辱事件の影響は大きかつた。この外交上の敗北によつて靖國神社は国内の反靖國党派のみならず国外にも亦本来無用の敵を作つてしまつたからである。

この対中外交の惨敗は、更に上記平成四年の天皇御訪中強行といふ政府の愚挙によつて恥の上塗りといふ形になり、総理大臣の靖國神社公式参拝は中国共産党政権の監視下に置かれて実現不可能といふ形になつてしまふ。況《ま》してや天皇の御親拝は、法儒《きょうだ》を極める日本国外務省の掣肘《せいちゅう》下にある微力な宮内庁のよく奉願し得る所でないのは当然である。私共民間人の感性からすれば、天皇陛下の靖國神社に向けられる尊崇の大御心は民族の信仰問題であつて、国際外交上の諸問題とは別の次元に属する。それとこれとは切り離して考へ、政府が受けてゐる外交的圧力を皇室に波及させない様な慎重冷徹な配慮こそが政府の責務である。然し歴代の日本国政府にはそれだけの能力も氣概も無かつた。

今上陛下の置かれた境位は洵にお氣の毒に堪へない。然しこの点で、陛下の模索してこられたといふ象徴としてのお務めと、私共民間有志の表象の中に存する天皇象徴観との間にうまく重なり合はない部分が生じてゐる、これもその一つであるといふ事情はどう仕様もない。

氣懸りな仰せはもう一項浮かんでくる。陛下はそれに続けての文脈で、〈これまでのように、全身全霊をもって象徴の務めを果していくことが難しくなるのではないか〉との御宸憂《しんゆう》を述べてをられる。その様な緊張を強ひられる負担の重い象徴としての務めとはいつたい誰が定めたものなのか。それを天皇として不可欠の義務とする事について国民の間に一般的な同意は成立してゐるのか。どうもさうとは考へられない。そのお務めが果せない様ではもはや象徴としての位置に立つてゐる事ができないといふのは、もしや今上陛下の聖慮深きあまりの思ひ過しではないのか。

日本国憲法の制定・公布の当時、象徴といふ概念の内包に、陛下の考へられてゐる如き行動的・機能的役割の意味が含まれてゐたといふ記憶はない。顧みれば、日本国憲法は、昭和二十一年二月四日頃GHQ民政局で作成されたマッカーサー・ノートを「必須要件」とし、次いで二月十三日に日本政府に提示された総司令部起草の「マッカーサー草案」に基いて形成されて行つたものである。その草案の外務省仮訳文が既に、〈第一条　皇帝ハ国家ノ象徴ニシテ又人民ノ統一ノ象徴タルヘシ彼ハ其ノ地位ヲ人民ノ主権意思ヨリ承ケ之ヲ他ノ如何ナル源泉ヨリモ承ケス〉といふ形になつてゐた。

その後日本側で作成の「三月二日案」とそれに対するGHQによる修訂要求の受入れを経て三月六日付で「帝国憲法改正草案要綱」が発表された。その時初めて国民は占領軍総司令部起草の日本国憲法が、天皇の御位を〈天皇ハ日本国民ノ総意ニ基キ日本国及其ノ国民統合ノ象徴タルベキコト〉と規定してゐる事を知つたわけである。

この憲法草案要綱に対しての国内外の反響を概括したものが外務省総務局によつて文書化され伝はつてゐる（『占領史録』第三部「憲法制定経過」）が、政党・財界・言論界共に概して肯定的であつた。それまで政府案として巷間に伝へられてゐた構想との懸隔が余りに甚だしい事への驚きはあつたが、「天皇制度存置」といふ大枠に安堵した、といふ空氣が根幹にあつた。右の『史録』の「国民大衆層ニ於ケル反響」といふ項では、新聞の投書欄等による推測の域を出ないものの、成立経過のいかがはしさについての勘による漠然たる疑惑があると指摘してゐる点が面白いが、やはり天皇制安泰への安心感と戦争抛棄理念が条文化されてゐる事への驚きが主要点だつたらしい。

やがて四月十七日付で「帝国憲法改正草案」が発表されると、その第一条は〈天皇は、日本国の象徴であり日本国民統合の象徴であつて、この地位は、日本国民の至高の総意に基く〉となつてゐた（この〈至高の総意に基く〉といふ部分は七月から八月にかけての所謂芦田小委員会で〈主権の存する日本国民の総意〉といふ不適切、といふより明白な誤謬を含む修正を受け、現行の憲法本文と同じ形になつた）。つまり二十一年四月の段階で、天皇を国の象徴にして且つ国民統合の象徴とする、といふ規定は、国民の間に広く知られる事となり、知識人層の間で疑念・肯定双方を含む検討・考察の対象となつた。

「大日本帝国憲法」と「日本国憲法」の天皇条項を比較してみて極めて判り易い差異は、前者の第四条〈天皇ハ国ノ元首ニシテ統治権ヲ総攬シ〉といふ根本的に重要な規定が放棄され、その代りに後者の〈国の象徴〉〈国民統合の象徴〉といふ目新しい単語が置かれてゐる事だつた。

この対比を、煩はしい様ではあるがもう一目盛深めて検討してみよう。すると、天皇の地位が国家元首から国の象徴へ、その機能が統治権の総攬から国民統合の象徴へ、少くともその呼名が変つてゐる。この変移は名称の上だけの事か、それとも内実にも及んでゐるのか、との問が生じ、もし内実の変化だとするならば、それによつて、終戦の御詔勅に仰せられてあつた〈朕ハ茲ニ国体ヲ護持シ得テ〉との御判断は裏切られ、国体の変更が生じてしまつた事になるのではないか、といふ深刻な疑問が生じてくる。

四、国体の変更はあつたのか

その草案の起草に当つて占領軍の介入があつたのではないかといふ疑念を、国民大衆さへもが独自の「勘」によつて感知してゐたらしいとされるこの新憲法の採択は、もしや国体の変更を意味するのではないか――。昭和二十一年から二十三年頃までにかけて、学界・言論界に生じた、主として「象徴」の解釈と評価をめぐる論争も既に七十年余の昔の事に属する。その様な遠い過去の、しかも何か不毛のままに結論らしい結論も出ぬままに過ぎ去つた論争を今更再検討の俎上に乗せるのは氣が重いのだが、偶々この期に及んで「象徴」概念について公儀の次元での見解の齟齬が存する事が表面化してしまつた。象徴論議の出発点を敢へて顧みるといふ心で、当時の代表的な議論に最小限の簡約な再検討を試みてみよう。

昭和二十一年五月召集の第九十帝国議会で、貴族院議員に勅選された京都帝国大学教授佐々木惣一は、この改正案が天皇の統治権総攬者としての地位を否認するものであり、天皇の地位が国民の意思に基くとするのは即ち国体の変更に当る、との論拠に基いて強い反対を述べた。

佐々木の第一条否定論は論理的には完全に正しい。〈国民の意思〉なる概念が以下に触れる和辻の第一条肯定論にみられる如き歴史的含意を有せず、二十一年五月に突如現れた宮澤俊義の八月革命説と同様の「現時点的」国民の意思といふ跛行状況にとどまる限り、新憲法における天皇の地位規定は国体の変革そのものである。それは改正草案が芦田小委員会修正で〈主権の存する日本国民の総意〉などといふとんでもない誤謬概念を用ゐてしまつてゐるのと全く同質の錯誤である。

ところが、天皇が国の象徴であり国民統合の象徴であるとの規定を肯定的に受けとめ、この表現を以てしても日本の国体の伝統は然るべく守られてゐる、との満足の意を表明したのが『尊皇思想とその伝統』（昭和十八年）なる雄篇の著作によつて当代尊皇派の重鎮と目されてゐた和辻哲郎であつた。

和辻は、右に記した佐々木惣一の国体変更説を『世界文化』昭和二十一年十一・十二月号の誌上で読み、二十二年三月号の『世界』に一文を草して疑問を呈した。その標題「国体変更論について佐々木博士の教を乞う」に表れてゐる通り、反論ではあるが論調・文体共に実に鄭重な姿勢のものである。

和辻の疑点の第一は、国家統治権を総攬するのが何者であるかといふ点から見た国柄は従来久しく「政体」といふ概念で示されて来た。今回の憲法改正はその「政体」の変化を示してはゐるが「精神的観念より見た国体の概念」にまで及ぶ変化ではないのではないか、といふ点にあつた。

第二の疑点は、天皇を国家統治権の総攬者と規定したのは明治の帝国憲法であつたのだから、明治以後に法的事実と定められた規定の変更を以て、国初以来の古き伝統たる国体の変更と見るのは佐々木の国体概念の曖昧（政治的現実と精神的理念との区別の不明確）を示すものに過ぎないのではないか、といふものであつた。

佐々木説への疑問を含めての和辻の第一条肯定論は昭和二十三年七月の「国民全体性の表現者」（同月刊行単行本『国民統合の象徴』に収載）なる論文で窺ひ見る事ができる。彼はその中で〈国民の総意というごとき主体的なるものを眼に見える形に表現するとすれば、それは象徴であるほかはない。従って、天皇を国民の統一の象徴とするのは正しいのである〉（傍点原文）と自信を以て言ひ切つてゐる。

和辻はここで〈主体的なるもの〉といふ表現を用ゐてゐるが、これは「主観的想念」とでも言つた方がよいか。客観的対象として呈示する事はできないけれども、人々が頭の中で思ひ描く事は可能なある観念の代表的性格を抽出してそれに眼に見える形を与へるとすれば、それは象徴といふ姿になるであらう。

早い話が、統一体としての日本国民、といへば一箇の抽象的観念であるが、それを目に見える姿に表すとすれば、天皇といふ姿になるであらうし、或いは日本国とか愛国心といつた想念を絵に描く事はできないが、日の丸の国旗で表すことはできる。その時日章旗はまさに象徴として用ゐられてゐる。

和辻はその意味で、天皇が日本といふ国の象徴であり、国民の統一の象徴であるといふ定義は実態に即してゐる、憲法の文言として用ゐられても宜い表現だと認める。「象徴」の肯定は和辻の所見で宜しいとして、もう一つの問題は「国民の総意」である。

五、鍵概念としての「国民の総意」

和辻はこの論文の主要部を次の一文で結んでゐる。

〈憲法はついに決定した。日本国民至高の総意（the sovereign will of the people）という字句は、主権の存する日本国民の総意と改められたが、「至高の」と言っても、「主権の存する」と言っても同じように sovereign に当るのであるから、意味の上に変更があつたわけではない。わたくしはこれで一応この問題は解決したと考えていたのである〉（傍点原文）

たしかに、天皇を国民統一の象徴と規定する事の問題性は解決した。只、和辻はここで〈至高の総意〉の〈至高〉が〈主権の存する〉と変へられた事の致命的な錯誤を見過した。〈至高〉については原文の英語を引いてゐるのに、字句変更後の原文が（the will of the people with whom resides sovereigh power）である事を引用してゐないのは、この改訂が原文の重大な誤訳によるものである事に氣が付かなかつたからであらう。但しこの誤訳を見過ごした事を和辻に対して咎めるのは酷である。この誤訳（憲法前文の〈ここに主権が国民に存することを宣言し〉にも生じてゐる）は、筆者が昭和六十一年に（『諸君！』第十八巻八号掲載「教科書の描く天皇像」で）指摘して以降の度重ねての注意喚起にも拘らず、大方の憲法学者たちが一言も反論する事無く唯無視黙殺に付して言及を避けてゐる醜聞的な錯誤だからである。

和辻の犯してしまつた惜しむべき微妙な注意不足は今更咎めぬ事として、重要なのは「国民の総意」の解釈に見せた彼の見識の深さである。

さきにも学問的犯罪といふより他ない宮澤俊義の八月十五日革命説に一寸触れたが、その宮澤門下の東京帝国大学系の共和主義憲法学者たちは夫々の憲法学説に於いて異口同音に、天皇の地位は主権の存する（誤!!）国民の総意に基くといふ事になつたのだから国民の総意に変化が起れば天皇の地位にも変改が生ずる、而して国民の総意は変り得るものだ――との俗論を唱へる事になつた。つまり国民の総意といふ超時代的概念を、ある時代の国政選挙権有権者一同の意見といふ程度の浅薄な次元で捉へる事しかできてゐないのである。これは明治七年の中江兆民訳『民約論』出現以前の水準といふしかない信じ難い無学浅見の言なのだが、これは或いは彼等の無知に由来するといふよりも、学問上の定説の故意の無視・歪曲といふ道徳問題に属する事項であらうか。

和辻は、その時たぶんは此を相手方の利権に関はる道徳問題と突放して考へるほどの余裕はなく、学説上の争ひとして誠実に対処しようとしたのであつたらう。彼は先づ「国民の総意」といふ概念に於ける「国民」の定義から着手し、必ずしも国家の定義と相覆ふものではない一箇の「文化共同体」といふ集団の成員としての国民の在り方に注目する。この国民といふ概念の集団的意義こそが重視されなければならないのだが、さうとすれば、国民の全体意志とは〈個別的な意志を単に集積したものではなく、それの総体性としての統一において、個別的意志とは異なる次序に属するものとして成り立つてゐる〉と考へる。このところの和辻の思惟の跡は少し苦しげであるが、和辻が言ひたかつたのは、国民といふ集団の全体意志は〈この集団のあるところにすでにあるのであつて、改めて形成するを要しない〉歴史的生成物である、といふことなのだつた。天皇といふ存在はこの歴史的全体意志に支へられて二千年余の歴史を生き抜いて来た、今更立法上の裏付けを試みるまでもなく、国民の全体意志の象徴として現に此処に在位してをられるではないか——。

実を言へば、昭和二十一年から二十二年にかけての和辻の天皇＝象徴肯定論の論証過程と拠つて立つ根拠には、行文の上で苦心惨憺の跡が濃厚にすぎて、いささかもどかしい印象がある。〈総体としての統一において〉把握すべき〈超個人的意志〉としての〈国民の全体意志〉といつた説明なども、如何にも苦しげに持つて廻つた表現になつてゐる。この点などは、実は十八世紀後半にジャン・ジャック・ルソーが定式化してゐた「一般意志」の概念を呈示すればそれで用は足りたのではないかと思はれる（『社会契約論』の刊行は一七六二年）。

ルソーは個人の〈個人的な意志を単に集積したもの〉としての volonté de tous と区別した形での、〈総体性として形成された全体意志〉である volonté générale ＝「一般意志」の概念を提出し、広く欧洲学界の承認を得た。それは前記の如く、既に中江兆民が明治七年抄訳の『民約論』で、前者を「衆人之意」、後者を「衆意」と（語型に配慮をきかせた）訳語を以て紹介してゐた（明治十五年の漢文訳『民約訳解』では「衆人之志」「衆志」の形）事である。

「一般意志」は現今の政治学の領域では普遍妥当的な専門語になり果《おお》せてゐる。それは量的には計測不能といふべく、変化が起るとしてもおそらくは千年単位の息の長さであるからまあ千古不変の国体の意志と称してよい。それに対し、兆民訳に謂ふ「衆人之意（志）」とは量的に計測可能であり、或る時点での多数者の意志である故に可変性を有してゐる。宮澤がその憲法学説で〈国民の総意〉と呼んでゐるのは、実はこの一時代の多数者の意志を誤訳してゐるにすぎない。彼等がそれを計測可能と考へてゐるのがその取り違への何よりの証拠である。

同じ様に、歴史的に長い時間をかけて形成されて来た全体意志を説明するには、例へばチェスタトンの『正統論』に基く渡部昇一氏の紹介により俄かに読書人の注目を浴びた「縦の民主主義」と「横の民主主義」といつた図式を持ち出せば一般意志としての国民の総意の説明もはるかに樂だつたであらう。チェスタトンの図式は昭和二十年代にはまだ知る人は少なかつたと思はれるが、有史以来日本国民であつた人間の全て、つまり無数の死者達を数に入れた、死者の民主主義といふ次元で考へた多数意志、といつた論理を用ゐれば、真の意味の「国民の総意」の説明も楽だつたのではないか、と考へてしまふ。

六、新渡戸稲造の先蹤

和辻哲郎が昭和二十一年の段階で甚だ苦労して構想した「天皇＝象徴」肯定論の論理を回想する時、至つて自然に記憶に上つてくるのが、新渡戸稲造によつて極めて早い時期に提唱されてゐた象徴論の先例である。

新渡戸稲造が明治三十二年（一八九九）に英文で著作した『武士道』が、後世の国内の研究者からは様々の欠陥や不備を指摘されてゐるにも拘らず、発表当時は英語文化圏諸国に於いて大きな反響を呼び、やがて十七箇国の言語に翻訳され、国際社会に広く流布した事は史上に有名な事蹟である。

この書に於いて新渡戸は、日本人の道徳教育は如何なる宗教の教義に基くものでもないのに、道徳の育成を宗教教育に置いてゐる文明諸国のいづれにも劣らぬ高い水準を有してゐる事を雄弁に論証してみせ、広く注目を惹いた。その事は日露戦争（一九〇四年二月開戦）前夜といふ難しい国際関係の環境に置かれてゐた日本にとつて、国際輿論を味方につける上で確かに有益な作用を及ぼした事、国内では周知の快い事蹟である。

この書『武士道』の冒頭に近い第二章の「武士道の淵源」の中で、新渡戸は、神道の祖先崇拝の習俗が、皇室を全国民共通の遠い祖先であると信ぜしめてゐる事に触れ、そこで日本人にとつての天皇の定義を述べてゐる。曰く、〈又我々にとりて天皇は、法律国家の警察の長ではなく、文化国家の保護者《パトロン》でもなく、地上に於て肉身を有ち給ふ天の代表者であり、天の力と仁愛とを御一身に兼備し給ふのである〉といふのだが、そこでこの定義の補足説明として、新渡戸は、〈ブートミー氏が英国の王室について「それは権威の像《イメージ》たるのみでなく、国民的統一の創造者であり象徴《シムボル》である」と言ひしことが眞であるとすれば、（而して私はその眞なることを信ずるものであるが）、この事は日本の皇室に就ては二倍にも三倍にも強調せらるべき事柄である〉と、興味深い注釈をつけてゐる。

新渡戸はイングランドにおける宗教改革がヘンリー八世（一五〇九—一五四七）の離婚及再婚問題をめぐつてのローマ教皇庁との対立に発し、イングランドのアングリカン国教会独立宣言に発展し、その後の多数の教派の分立といふ状況を克服するため、教会になるべく多くの信者を包容する一種の教義上の寛容政策をとつてきた歴史を知つてゐたであらう。そのヘンリー八世の娘なるエリザベス一世（一五五八—一六〇三）の治世といふ所謂エリザベス朝文藝の黄金時代に、英国はローマ教皇庁を含む外国の如何なる宗教勢力からの干渉も受け付けない文化的独立性を確立し、その自信がやがての欽定訳聖書（一六一一公刊）の完成につながるのだが、この歴史の裡にも、王室が国民の精神的統一の創造者となる権威の表象は看て取れるのかもしれない。

それは新渡戸の眼には日本の皇室が、国民の悠遠の昔からの祖霊崇拝に基く守護神信仰の習俗を、皇室祭祀の形を以て代表し、即ち国民の信仰生活の象徴となつてゐる姿と重なつて見えたのでもあらうか。日本人の祖霊崇拝の習俗はおそらく縄文式文化の時代には発生してゐたもので、紀元九世紀半ば頃とされてゐるイングランドの地へのキリスト教の布教開始の歴史よりもはるかに古い経歴を有するものである。

国民統合の象徴としての王室といふ斯様な示唆を新渡戸に与へる事になつたエミール・ブートミーは一八三五年生れのフランスの政治学者であるが、普佛戦争（一八七〇－七一）の敗戦後に、イギリス文学史の著者として知られる文学史家イポリット・テーヌと協力して政治専門学校を設立し、以後多年に亙りそこで比較憲法史を講じた。この学校は当時英国社会と政治思想の研究を目的として第一級の学者達を教授に揃へ、フランスに於ける英国研究の大きな推進力としての役割を果した。

ブートミー自身のイギリス政治史研究の著作としては一八八六年の『イギリスに於ける憲法の発達』、一九〇一年の『イギリス人の政治心理』が代表作であるらしい。新渡戸の『武士道』の国語訳には、上記のブートミーの説の出典として『イギリス国民』といふ書名が挙げてあるが、この書の出版が『武士道』原著の二年後である所を見ると、新渡戸が該書を引いてゐるのは或いは原著の増訂版に於いてこの新刊書からのことであつたかもしれない。この点は未だ確認できてゐない。

ところで、フランス人による英国憲政史の研究が国際的に高い権威を持ち得てゐるといふのは、英・佛両国の緊張と軋轢に満ちた長い関係からしてよくわかる話である。例へばフランス革命の数ある研究史の中で、イギリス人エドマンド・バークの『フランス革命の省察』が今に至るまで長い権威を持ち、我が国の研究者達の間でもこの書に言及する人達が甚だ多く、且つ尊重の氣配が濃いのと見合ふ関係であると言へよう。バークのあの書は一七八九年の秋、一部の暴徒による七月のバスチーユ監獄襲撃事件から間もない、早い時期に書かれた、いはゆる同時代的観察記録であるといふ点に独自の価値がある。そして以下は筆者が別の紙面でも触れた所であるが敢へて繰返しておくと、この時暴徒達が口に唱へたスローガンは、専ら〈リベルテ〉だけである。それはその状況から推して考へるに、囚人達を〈釈放しろ〉と叫んだのであつて、必ずしも、彼等（及び我等）に自由を与へよ、といつた高次元の理念を唱へたのではない。やがて〈リベルテ〉と共にフランス革命の標語となる〈エガリテ〉（平等）が民衆の口に上る様になるのは、それより三年後の一七九二年の事である。バークの克明な同時代記録をいくら入念に読んでも〈エガリテ〉

の要求の事は一言も出て来ない。更に言へば革命礼讃の三題噺〈フラテルニテ〉（友愛）が登場するのは遙かに後世の二月革命になつてからの事である。

これは国史学者の平泉澄が昭和六年の欧米留学の途上、フランスの現地で、革命史研究の専門家達に会見して直接確認をとつて来た面白い插話なのだが、あまり世間に伝はつてゐない事らしいので、余談ながらここに又敢へて書きとめておく。

七、岡倉天心の用例

新渡戸の『武士道』の国語訳が出たのは欧洲諸外国語への翻訳よりも却つて遅く、明治四十一年に櫻井鷗村によつてであつた。現在は昭和十三年に矢内原忠雄による新訳が岩波文庫を通じてよく普及してゐる。国語版の流布開始が遅かつたためか、新渡戸が英国の王室に準《なぞら》へて天皇は国民的統一の象徴であると捉へた興味深い天皇観が国内の識者の注意を惹く機会は乏しかつた。然し、新渡戸、そして内村鑑三と並んで明治の英語使ひの三名人の一人とされた岡倉天心は、たぶん早い時期に新渡戸の著作の英語原文を読んでゐたのではないかと思はれる。国語訳は遅かつたが、英語原文は明治三十三年に、又原著の増訂版も米国でと同時に明治三十八年に国内でも刊行されてゐたからである。

岡倉天心が岡倉覚三の本名で明治三十七年にやはり英文で著述し、その年の中にニューヨークで刊行した『日本の覚醒』（The Awakening of Japan）は種々の点で今なほやはり注目すべき著作である。

天心は明治三十七年二月十日に門下の横山大観、菱田春草、六角紫水を伴つてアメリカに向けて旅立つた。恰も日本帝国がロシアに対し宣戦布告した当日だつた〈実質的には開戦は二月八日の仁川沖と旅順口のロシア艦隊への日本艦隊からの砲撃によつて火蓋が切られてゐた〉。そこで天心の此度の米国滞在は大国ロシアを相手に戦はざるを得なくなつた祖国日本の苦しい立場を欧米人社会に対して説明するために、得意の英語を存分に活用する好き機会となつた。

十章から成るこの著述の第二章は「蛹時代」と題するもので、安政の開国前夜までの徳川幕府の複雑な支配機構の説明に苦心を払つてゐるのだが、そこに〈徳川時代の我々の父祖は、帝（ミカド）に対し常に渝《かわ》らぬ忠誠の念を抱いてはゐたが、それは今日我々を感奮せしめてゐる燃える様な熱誠の心ではなかつた。帝（ミカド）は彼等にとつてはシンボリズム(symbolism)であつた。現在の我々にとつては帝は生きた現実(living reality)である〉といつた興味深い叙述がある。

即ち岡倉天心も亦、武家政権の発足以来約七百年、天皇は統治権を行使する事のない、半ば宗教的な存在（外国人には教皇の如くに映つた）であり、封建制といふ幕藩体制下で日本人が国民としての統一を保つてゆくための象徴であつた、といふ認識を有してゐた事がわかる。

現在筆者は、天心は新渡戸の『武士道』くらゐは眼を通してみる機会を持つたであらうとの仮定の下に論を進めてゐるのではあるが、別に天皇を国民統一の象徴と見る観点を新渡戸の示唆を受けての天心の着想だと見てゐるわけではない。むしろ天心の眼にも、幕藩体制下の天皇は国民の国家意識を保つための象徴といふ役割を果す存在にすぎなかつた、と見えてゐた、と解する方がよいであらう。敢へて天心の視点の特質を言へば、曾ては象徴にすぎなかつた天皇が、日露戦争といふ非常事態に直面して国民にとつて忠誠を捧ぐべき〈生きた現実〉になつてゐる、との感奮を語つてゐる事であらう。

八、昭和六年の新渡戸

新渡戸の「天皇＝象徴」観は『武士道』以後も彼の脳裡に生き続けてゐた。彼は大正八年国際聯盟事務局次長としてジュネーヴに赴任し、大正十五年にその任を了へて帰国するのであるが、その際に彼はあるイギリス人の友人の勧めに応へて英文で一篇の日本論を著作することを約束した。帰国すればその位の時間的余裕は得られると考への応諾であつたが、久しぶりの祖国での生活は意外に多忙であり（彼の実力と国際的名望からしてそれは当然の成行であつたが）、教文館刊の全集英文版で四百頁を越える大著『日本』（Japan, Some Phases of her Problems and Development）が完成して著者がその序文に署名を入れたのは、正に満洲事変勃発前夜に当る昭和六年九月一日であつた。新渡戸の死は昭和八年十月十五日、滞在中のカナダ、ヴィクトリア市の病院での事だつたから、これは結局は欧米世界に対して祖国日本の弁護者としての使命に生きた新渡戸の面目に相応しい遺著となつた。

該書全体についての本来の評価は今は暫く措くとして、その第四章「政府と政治」（Government and Politics）の第一節「国体—日本憲政の固有の形態」（Kokutai, Japan's Constitutional Idiomorphism）で、彼は当時から欧文への翻訳が難しいと考へられてゐた「国体」についての彼独自の説明を試みてゐる。（因みに現在では、idiomorphic といつた鉱物学上の術語を持ち出すほどの事は不要で、「国体」は即ち constitution でよろしいといふ説で通用する。）そこで新渡戸の工夫になる「国体」説明の方法が『武士道』以来の〈皇室は全国民に共通の遠祖である〉との命題である。即ち天皇は国民の統一の象徴である、との定義の再説となる。

開国と幕藩体制解消後の日本にとつて急務であつたのは、欧米列強の夫々勝手な日本への利権扶植の強欲に対しての国内に於ける統一戦線の結成だつた。この緊急の要請に対しては国体擁護の法学的な弁明などは必要としない。ただ国民の間に根付いてゐる悠久の昔からの君主制の伝統、即ち国体の歴史性に基いてその統一を確認すればよい。〈かくて天皇は国民の代表であり、国民統合の象徴である。かうして人々を統合と臣従の関係に統一してゐる紐帯の枢軸は、第一に神話に語られてゐる血縁関係であり、第二に道徳的結び付きであり、そして三番目が法的義務である〉といつた説明になる。

新渡戸は『武士道』以来のこの説明におそらく十分の自信を有してゐたであらう。そしてこの思考連関には確かに説得力もある。只、これが英文での著作であり、国語訳がなされたのは戦後も、それも昭和六十年になつてからの事らしいので、英文の原著を通じて新渡戸のこの仕事を知つてゐた研究者の数は寥々たるものであつたらう。端的に言つて、昭和十年代から二十年代の始め頃までの時期に於いて、学問社会に於けるこの書の影響は殆ど無かつたのではないかと思はれる。

それだけに、昭和二十一年春の段階で和辻が、新渡戸の先蹤を知らぬままに、天皇＝象徴の規定に対し進んで肯定的な反応を示した事は、両碩学の間に生じた或る意味でのめでたき国家観上の暗黙の契合であつたと見る事が可能であらう。

皮肉な事に新渡戸の天皇＝象徴観をＧＨＱ製の日本国憲法の草案中に現実に生かしてしまつたのは、当のＧＨＱ民政局次長として当憲法の英文原案の起草に携つたチャールズ・ケーディスであつた。その奇妙な因縁については本稿の筆者は別の機会に複数回考証の筆を費やしてゐる（本書の61頁にもその一端に触れた記事がある）のでここに再説する事は控へる。只その核心について一言するならば、ケーディスは昭和二十一年早春の日本国憲法英文原案の起草に際し、遡ればフランス人ブートミーに源を発する新渡戸の〈天皇は国民統合の象徴である〉といふ命題を有益な情報として彼の脳裡の片隅に留めてゐたはずである、とだけ記しておく事とする。

九、結　語

今上天皇は昭和二十年秋に日光での皇太子殿下としての疎開生活から帰京されて以後の数年間、御父の帝昭和天皇が肇国以来前例のない国家存亡の危機に毅然として対処して来られた、その極度の緊張を我身に即して、小学校初級から中学生課程にかけての幼少の身で直接に体験してをられた。国体に関はるその非常事態の意識は国民一般の次元で考へれば昭和二十七年四月の対連合国平和条約の発効・独立国家主権回復までの六年半余り続いたわけであるが、実際には昭和二十五年六月にジョン・フォスター・ダレスが来日し、講和条約の交渉開始が予測され、公職追放の大幅な解除が実現した頃にはその緊張も実際にはかなり緩んできてゐたのではないかと思はれる。

皇太子明仁親王殿下は昭和二十一年三月に学習院初等科を卒業され、中等科に進学されたのだが、その年の九月、『昭和天皇実録』によれば東宮殿下の御教育専従の掛員として学習院長山梨勝之進、帝室博物館総長安部能成、東宮大夫穂積重遠、そして小泉信三等をお召しになつて東宮参与たる事を命ぜられてゐる。此の日に小泉は病氣のため参内してゐないが、この時任用された参与の面々は明仁親王が中等科二年に進級した年の秋頃から皇太子教育の実質に携つて行つたらしい。二十二年の十二月には昭和天皇は上記の主要参与を含む十七名の教育関係者をお召しになつて皇太子の教育についての所見を御聴取になつてゐる。

昭和二十三年四月からは明仁親王は中等科三年生である。この年になると昭和天皇御自身が、学術顧問として小泉信三を重用せられてゐる様相が窺はれ、九月から十月にかけて小泉からは第一回目が福沢諭吉について、二回目がマルクシズム及びその修正主義化と呼ばれる現象について、三回目が、第一次欧洲大戦の英国外相エドワード・グレイが事志に反して開戦を阻止できなかつた悲劇についての考察と、三回連続で御進講を受けられ、その最終回には皇太子の教育についてかなり立ち入つた談話に及ばれてゐるらしい。同じ年の十一月にも天皇は安部能成、志賀直哉、小泉信三、辰野隆といつた皇室「文化委員」をお召しになり、この日は小泉から英国のパブリックスクールの教育の質実剛健の氣風についての講述をお聴きになつてゐる。

当時皇太子殿下は学習院中等科三年で、翌年は高等科に進学の予定であつたから、安部能成、小泉信三、理系学事顧問の坪井忠二等三名の参与に対しての天皇の御信倚も更に厚いものになつた様子であるが、明けて昭和二十四年二月には、特に皇后と御同席で小泉信三に拝謁を仰せ付けられ、常時参与に任命といふ形で東宮教育の重要部分をお託しになる。小泉も御信頼に応へて爾後皇太子の教育については遠慮なく意見を申し上げる事のお許しを乞うてゐる。

かくて昭和二十四年四月、東宮殿下は今や高校生であり、週の内四日は学習院に登校、二日は東宮御学問所での学習といふ修学体制をとる事になる。自然、安部、小泉、坪井等常時参与の面々による帝王学教育の色彩が濃くなつたであらう事は『実録』の無味乾燥な記述からでも想像がつく。

同じ文脈で、昭和二十五年三月七日、これは皇太子の高校第一学年課程が修了した段階に当るが、天皇は東宮教育担当の小泉から九十分に亙る拝謁を受けられ、それから程なくして四月十九日にも、皇后御同席で小泉による皇太子の修学状況の報告を聴取されてゐる。

かうした即物的な記録に拠つて推測してみるだけでも、今上天皇の皇太子時代の帝王学教育の主役は小泉信三が果してゐた事が判明し、且つ小泉による昭和天皇御自身への御進講の記録から推しても、彼の講ずる所謂帝王学の核心が福沢諭吉の『帝室論』にあつたであらう事は殆ど自明の理と見てよい。

ところで福沢の『帝室論』と云へばその冒頭が〈帝室は政治社外のものなり〉といふ基本的命題を掲げて説き始める所が至つて印象的である。

即ち帝室のあるべき姿は政治の万機に当るのではなくて万機を統《すぶ》るものである。統るを具体的に云へば〈我帝室は日本人民の精神を収攬するの中心なり〉であつて、此の命題も亦、〈国民統合の象徴〉の別の表現に他ならない。その国民精神収攬の方法とは福沢によれば〈帝室は政治社会の外に立ちて高尚なる学問の中心となり、兼て又諸芸術を保存して其衰頽を救はせ給ふ可きものなり〉といふにある。

小泉が皇太子時代の明仁親王に説いた帝王学が、福沢の帝室論に強く依拠したものだとすると（それは確かにさう推論してよいと思はれるのだが）、我々にはふと思ひ当る或る微妙な一種の傾向性が見えてくる。

それは新渡戸が説いた所の、神話が示してゐる様な皇室と人民とが広義の血縁関係、同じ先祖を共有するといつた同族意識、そしてそこから生ずる道徳的な結びつきの感情といふものを小泉はほぼ完全に捨離した次元に立つて、〈人心收攬〉の肝要を語つてゐる、といふ点である。

福沢の帝王学の限界は畢竟彼が欧米の歴史を深く知り過ぎてゐる故に、皇室の伝統を測るのに西洋世界一般に於ける帝室・王室の歴史の尺度を普遍化し、それをこの日本にまであてがつて計測してしまつた点にある。同じ様に、小泉信三も亦、マルクシズムが十九世紀以降の欧洲の君主制に及ぼした危険の度合を深く理解してゐたばかりに、敗戦直後の日本の皇室が歴史の必然と人々が誤つて思ひ込んだ唯物史観の趨勢に押し流されてゆく危険に過剰に反応してゐた。それ故に、人心收攬の最高の手段としての君徳の涵養といふ要請に捉はれ過ぎてゐた氣配がある。日本の皇室伝統の尊厳を堅持するに、欧洲型の帝室・王室が培つて来た民心收攬術を以てするのは、実は日本本来の国体にそぐはない、何か危険な異質性の導入になるのだ、といふ洞察が小泉には欠けてゐた。

さうであるが故に、小泉は目前に降つて湧いた〈天皇＝国民統合の象徴〉といふ見かけ上の難題に対し、象徴の概念を機能化し、民心收攬の最高の方便として駆使するといふ方向へ彼固有の帝王学を構想したのではなかつたか。そこに現に見る如き、長い皇学の伝統から帰納されて成立した象徴観と、米軍占領時代といふ特殊状況への適応として生じて来た象徴観との不幸な喰ひ違ひの遠因がある。

然し、此処で今更東宮御教育掛としての小泉帝王学の錯誤を責めるのは酷であらう。それは所謂取り返しのつかぬ歴史上の齟齬として眼を瞑つて見過すより他はない。罪は国体の破壊を下心に隠した米国占領軍制定の憲法の文言にある。そして昭和二十七年の独立国家主権回復といふ又とない機会にこの強制憲法の廃棄を断行できなかつた、当時の政府と立法府全体の怠慢に責任がある。今は只責任の所在を論じ且つ追及する事は姑《しばら》く措いて、自主憲法制定といふ決定打を以て、今なほ続くこの窮境からの脱出に、国家と国民の運命を賭けるより他はない。

2

皇室の御繁栄を願つて

皇位継承に制度的安定を

平成21年1月1日　産経新聞「正論」

平成21年といふ新しい年を迎へて、我が国が官民挙げて取り組むべき重要な国家的課題は何々であらうか。是非に且《か》つ緊急に解決しておかなければならぬ懸案は次々と思ひ浮かぶのだが、昨年12月19日に今上《きんじょう》天皇御在位20年奉祝の式典が執行《とりおこな》はれ、本年11月12日には平成2年の即位の御大典挙行から20年目といふ奉祝行事が開催されるといふ予定に鑑《かんが》みても、次の一事こそ本年といふこの機会を捉《とら》へて何とか解決に漕《こ》ぎつけたい喫緊の大事である。

即《すなわ》ち、平成18年9月6日、秋篠宮家に待望の皇位継承権を保有せられる男児として悠仁《ひさひと》親王殿下が御誕生になつたことは、文字通りに暗夜に曙光のさし初《そ》めた如き慶《よろこ》びを国民にもたらしてくれたのであつたが、反面、皇位継承といふ国家最大の重儀の末長い安定をと志して展開されてゐた国民運動の熱気が、御慶事を契機に急速に冷却してしまつたといふ事態がある。

危機の回避には至らず

顧みれば、平成17年12月に小泉内閣が召集した「皇室典範有識者会議」の面々の統一見解であると伝へられた、国体の破壊を企《たくら》む典範改悪の方向に危険を感じた一部民間有志の研究組織たる「皇室典範研究会」（本「正論」欄の執筆員である大原康男、百地章、八木秀次の諸氏もその成員である）は、度々の声明発表や集会決議を通じて、典範改悪への策謀の阻止を訴へ、警告を発してきた。18年2月7日の秋篠宮妃殿下御懐妊の朗報を以《もっ》て、典範改悪の謀議は一朝にして事実上瓦壊したのだが、この会はその後に於《お》いても、皇位継承の危機回避・制度的安定のための最大の鍵は、一皇族男子の御出生のみを以てしては到底覆ひきれない深層に存するとの見解を持して、引続いて特別立法案の研究を進めてゐた。

この研究は18年秋の悠仁親王殿下御誕生により一般の危機意識が楽観的観測に転回した後にも当初の腹案に特段の変更を加へることなく、数へてみれば平成14年6月以来20年10月に至るまで6年の歳月を費して検討を続けてきた。

共同研究の成果としての報告書はかなり長く、且つ詳細にわたるものであり、又事の性質上手軽に御紹介はできないが、題して「皇位の安定的継承をはかるための立法案」、その説明として「元皇族の男系男子孫による皇族身分の取得について（案）」といふ文書であるので、その性格を大凡《おおよそ》推知して頂けよう。

なにぶん一篇の「立法案」なのであるから、報告書をまとめただけでは未だ何事も始動するわけではない。研究会はこれを超党派の組織である「皇室伝統を守る国会議員の会」の世話人方と20年10月下旬に接触の上、報告書についての研究会側の著作権めいたものは一切考慮不要として、文書の含む資料・情報・提案の全てを当該国会議員諸氏の自由な利用に委ね、具体的な立法措置の検討に取りかかつて頂くこととした。謂はば、皇位継承の重儀の制度的安定化といふ重大問題を、歴史的論理的研究の段階を漸《ようや》く通過せしめ、実践的政治的実現の段階へと移行させる準備を辛うじて終へたところである。

陛下への最大のお慰め

問題は、冒頭に一言した如く、現在の政界があまりにも多事多端で、解決すべき緊要の課題が目前に山積してゐるといふ状況の中で、立法府の議員諸氏がこの様な選挙での得票にはつながり様もない雲の上の問題にどれほど関心を持ち、その政治力を傾注して下さるか、である。

仄《ほの》かに承るところによれば、今上陛下の御健康状態は必ずしも好転されてをられず、宸襟《しんきん》を悩し奉る御身辺の坎坷《かんか》も跡を絶たないといふことである。蒼生《そうせい》の一人として畏《おそ》れながら憂慮に堪へないと言はないわけにゆかない。

比較的御高齢での即位を果された今上天皇が、既に御在位の期間20年に達せられたといふことは実にめでたい次第であり、昨年中に奉祝式典を企画・実行された人々、本年秋の御即位20周年奉祝行事を予定してゐる民間諸団体、臨時祝日の制定に向けて動いてゐる立法府議員諸氏の祝意に水をさすつもりは毛頭ない。

然し、御加齢と御心労による御憔悴《しょうすい》が明らかに看て取れる両陛下にとつて、現在最も肝要なお慰めの料《れう》は、皇室の将来について、制度的にも真の御安心を頂くための法的政治的施策に、少くとも近々に着手することではないのか。あの愛らしい悠仁親王殿下が愈々《いよいよ》御践祚《せんそ》といふ将来の或る日に、周囲に所謂《いわゆる》皇室の藩屏《はんぺい》が皆無といつた状況が生じる可能性は現に有るのだ。そんな深刻な事態を何としてでも避けたい。本年こそその対策に立ち向ふべき決断の秋《とき》である。

皇室の御安泰を真剣に考へる秋

平成23年11月23日　産経新聞「正論」

平成21年元旦の本欄に於《お》いて、筆者は、「皇位継承に制度的安定を」と題して見解を述べる機会を得た。それは、表題に云ふところの制度的安定を図る研究は或る民間の組織によりほぼ完了したので、後は、その方策の実現を政治の力に俟《ま》つばかりであるとの含みを持たせた意見表明だつた。

ところが、その夏に政権交代といふ事態が発生し、新たに政権の座に就いた民主党内閣の下では、この問題についての正統性に則つた論議は到底望めないと判断し、以後、皇室典範の再検討に関はる議論には公の場での発言を控へ、沈黙を守ることにしてゐた。

宮内庁長官の発言には疑問

ところで、宮内庁の羽毛田信吾長官は去る10月27日の定例記者会見で、現行の皇室典範には〈皇位の安定的継承という意味で課題がある〉との旨を述べた由である。〈課題〉といふのは、これから解決しておかなくてはならない問題性、難点といふ意味であらう。

この日の会見での羽毛田長官の発言は、英国の王位継承法に、継承順位を男子優先から男女の別を問はぬ長子優先へと改める動きがある（10月29日に英連邦首脳会議で法改正に合意が成立したと報じられてゐる）との報道についての感想を求められての答へであつたさうである。

英王室の王位継承法にどの様な改定が行はれようと、それはその国固有の歴史と当面の事情や輿論《よろん》の動向に従つてのことであらうから、我々はそれを唯《ただ》静観してゐればよろしく、何らの注釈も意見も挿《さしはさ》む必要がない。

然《しか》し、宮内庁長官が右の外国の事情を何故か念頭に置いた様子で、我が国では幾人かの女性皇族の方々が結婚に近い年齢になつてをられる時、皇位継承の安定と（女性宮様方の今後の）ご活動といふ意味で課題が生じてゐる、と述べてゐる点については批評と注釈が必要であらう。

先づ、皇位継承の安定といふ事については、現在、今上天皇の次代以下の世代に皇位継承権者がお三方居《お》られる。その意味で、皇位の将来は実は安定してをり、謂《い》はば問題がない。

負担軽減目的なら皇族増加も

問題はむしろ、現在の継承権者が現実に皇位にお即《つ》きになつた将来に於いて、その陛下のお近くに在つて公務を御支へ申し上げ、必要に応じて代行をも務められる皇族の数があまりにも少く、且《か》つ、当分その増加を期待することができない、といふ点にある。

その脈絡に関してならば、宮内庁長官の所見に云ふ、女性皇族が御《ご》結婚によつて皇籍を離れ、一民間人となることへの疑問、従つて女性の宮様が結婚されても依然として皇族の身分を保たれ、両陛下の公務の補助・代行を務められる様に法改正するのが課題だとの着想は首肯できる。但《ただ》し、かうして創立された女性皇族を中心とする新しい宮家が皇位継承の安定に寄与し得るか否かは、その結婚のお相手となる男性の血統によつて決ることであり、直接には長官のいふ所の安定にはつながらないと考へるべきである。差当つては、どこまでも皇室の御公務の御負担の軽減といふ点に貢献する存在と受けとめておくのが適当である。

誤解を招かない様に付記しておくが、皇位継承の安定にも寄与し得る形での女性宮家の創立といふことももちろん可能である。それは右に記した如《ごと》く、今後、結婚される女王様方の御配偶が、血統の上で皇統につながつてをり、且つ、それが、なるべく近い過去に於いて、そのつながりが証示できる様な方であれば、その御当人ではなくとも、その次の世代の男子（母方の血筋からしても、皇室の血を引いてをられることが明らかなのであるから）が、皇位継承権を保有されることは、系譜の論理から言つて、道理に適《かな》つたものになる。

法改正は些少の修正で済む

以上に記したことは、現行皇室典範の比較的軽微な改正を以て実現できる事項である。肇国《ちょうこく》以来厳修されてきた我が国の皇位継承上不易の三大原則（念の為《ため》記しておくならば、〈一　皇祚《こうそ》を践《ふ》むは皇胤《こういん》に限る〉〈二　皇祚を践むは男系に限る〉〈三　皇祚は一系にして分裂すべからず〉の三項）については、事新しく再検討を促す必要は全く無い。宮家の増設といふ目的のためには、法規運用技術上の観点から現行法に些少《さしょう》の修訂を施せば済む事である。従つて一片の醜聞に終つた曾《かっ》ての「皇室典範に関する有識者会議」の如き仰々しき委員会めいたものを組織する必要もない。少数の良識ある法曹家及び国史学者に委託すれば然るべき改訂が成就できるであらう。

３月の東日本太平洋岸大震災に際しての被災民の救恤《きゅうじゅつ》と慰撫激励の上で、国民統合の象徴としての天皇と皇室の御仁慈が如何に貴重であり、又有難いものであるか、国民全体が又改めて認識を深めたところである。皇室の御安泰と御清栄は即《すなわ》ち国民の安寧の最大の拠《よ》りどころである。今又、その事を真剣に考へるべき秋《とき》になつてゐる様である。

失はれた氏族集団の構造

――『昭和天皇実録』に見るその残像

平成26年10月25日　國民新聞

『昭和天皇実録』の編纂が完了し、宮内庁は九月九日にその内容を一般に公開した。全巻の公刊までにはなほかなりの歳月を要するのではないかと思はれるが、熱心な昭和史研究の有志者は宮内庁書陵部に赴いてその本文を実際に閲覧することはできるわけである。当面その人達の関心の重点は、やはりあの大戦争の前史と、開戦から停戦までの経過、そして占領と講和条約の締結・主権の回復に至るまでの日本の国家的運命を考察するための最高級に重要な史料として、この『実録』が内包してゐる情報の検索に向ふであらう。

それはそれでもちろん当然のこの史料の使用法であるが、他方この『実録』はその題名の示す如く、一篇の「昭和天皇紀」なのであり、やがて少なからぬ人々によつて書かれるであらう昭和天皇個人といふ御存在に向けての最高の伝記資料と見るべきものである。

現在筆者が産経新聞から委託を受けてこの史料集の分析に従事してゐる、その分担年度及びその前後の検証だけから見ても、此迄あまり注意して考へてみなかつた、昭和天皇像の或る一面が浮かび上がつて見えてきたことがある。それは皇族といふ一箇の大きな氏族集団の長《をさ》としての、古風に言へば「氏《うぢ》の上《かみ》」としてこの集団の個々の成員に向けての強い責任の意識を有してをられたことである。

昭和二十二年の十月に当時存在した十四の宮家のうち三家の直宮家を残して爾余の十一の宮家が皇籍離脱を余儀なくされた史実はよく知られてゐるが、此事は又読み替へれば、その年まで昭和天皇は十四家の分家を抱へる御本家の当主であられたことをも意味してゐる。直宮家は即ち弟宮家であり、周知の如く秩父宮家にも高松宮家にも継嗣がご誕生にならなかつたが、占領初期に皇籍を離脱された全て伏見宮系である傍系の宮家の中には多くの子女に恵まれてなかなか御繁栄の宮家もあつた。故に戦前の昭和天皇の御壮年期には、それらの皇族、及び直系の嗣子ではない故に臣籍に降下されて華族としての姓を賜り、一家を成した方々の総数はかなりの多勢であつた。それに加へて父帝の大正天皇には多くの異母妹が生まれて居られ、うち御四方が成人し、年の順に挙げると竹田、北白川、朝香、東久邇の宮家に嫁がれてゐる。この方々は昭和天皇にとつてはつまり叔母君に当たるわけであるが、この方々も内親王の称号を佩《お》びて、意外なほど頻繁に宮中に参内されてゐる。そしてこれらの宮妃に向けての天皇のお心遣ひの並々ではなかつたことが、御贈進の品目等から窺ひ見られる。

かうした、庶民の次元で言へば親戚づきあひのお相手がたいへんな数にのぼり、この大家族集団の族長としての天皇の責任感と心理的御負担の大きさも一寸想像つかないほどである。そしてこの一族に向けての御配慮の濃密さは、その方々に皇族としての資格が消えてしまつた戦後に於いても依然として続くのである。

この様に血縁を絆として結束する同族集団が、本家の家長を中軸とし、統率者ともして堅固な親和関係を保ち続けるといふ構造は、一昔前までは一般の庶民の間にもたしかに存在し、眼にする機会のあるものだつた。それが近年とみに稀薄になり、或いは明らかに解体してしまつたと思はれる例も多い。その原因を考察する紙面の余裕は今は無いが、昭和天皇の率ゐてをられた皇室御一家と広範だつた皇族集団相互間の動静を『実録』を通じて窺ひ見るにつけ、此處でも亦「国が変つた」との感慨が物憂く脳裏に浸透してくるのを覚える。

平成26年10月24日　産経新聞

「道義的な国家のあり方」示された

昭和天皇は戦前戦後を通じて、時代が変わっても常に変わらぬ「道義的な国家のあり方」を、身をもって国民に示してこられた。それは昭和天皇実録の晩年の記述からも、はっきりとうかがうことができよう。

昭和52年8月、那須御用邸で行われた記者団との懇談で、76歳の昭和天皇は、俗に「人間宣言」と呼ばれることになった21年の年頭詔書について振り返られ、「詔書の第一の目的は冒頭の『五箇条の御誓文』であり、神格とかそういうことは二の問題であり、民主主義が輸入のものでなく明治天皇が採用し御誓文に記していることを示す必要があった」と述べられた。

また85歳の誕生日を前に行われた会見では、戦前と戦後とで行動や考え方をお変えになったかとの質問を受け、「大正天皇が仰せられた『順応の道を講ずべきの秋《とき》なり』という文言を遵奉《じゅんぽう》して対処している」と述べられた。

戦争に敗れ、数々の理不尽を押し付けられ、政治や社会の諸制度を一時的に変更せざるを得なくても、日本の「道義」を見失ってはならないと、昭和天皇は仰せになっているのだ。大日本帝国憲法の「統治権の総攬《そうらん》者」から日本国憲法の「象徴」へ、条文上の文言は変わった。しかし、天皇の本質は不変であるとのお考えに立って、昭和天皇は行動しておられた。

来年は終戦70年。この機会に、実録に示された昭和天皇のメッセージを正しく読み解き、日本を見つめなおす一助にしたい。（談）

「国民統合の象徴」の隠れた典拠

平成28年11月3日　産経新聞「正論」

以下に述べる事は筆者が年来機会ある毎に筆にしてゐる見解であつて、それを今更反復するのは学問人としては元来慎しむべき挙であるが、筆者の旧説などは世の識者方の記憶に留まつてはゐまいと思ふので、敢へて又記しておく。

ケーディス氏の記憶の空白

古森義久氏は昭和56年にアメリカの或《あ》る研究機関の研究員として米国に滞在中、同じく滞米中の江藤淳氏の熱心な勧めにより、曽《かつ》てGHQ民政局次長として日本国憲法の原案起草に携つたケーディスに長時間会見し、米占領軍民政局による憲法起草作業の内幕についての打ち明け話を聞く事を得た。その結果は江藤淳編『占領史録』（昭和56〜57、新装版平成7、講談社学術文庫）の「憲法制定経過」の章に収められてゐる。

古森氏とケーディスとの間の質疑応答は前文、天皇条項、戦争放棄条項の多岐に亙つたが、就中《なかんづく》、〈天皇は政治的権限を行使することができないのなら、一体どんな存在となるのか。「国の象徴」とか「国民統合の象徴」といった表現は、実は私たちがその起草の段階でふっと考えついてつくり出したものなのです〉とのケーディスの告白的回想は古森氏にとつて衝撃的だつた様である。古森氏はつい最近月刊誌『ＷｉＬＬ』でその思ひ出を語られたので、天皇の象徴規定とはそんな時の弾みから生れたものだつたのか——との驚きを人々の間に捲き起したらしい。本稿で筆者が持説を再言する動機もやはりここに関はつてゐる。

ケーディスは地味で誠実な人柄だつたらしく、この時も古森氏に対し決してうそを言ふつもりもその必要もなかつたであらう。ただその〈ふっと考えついて〉の裏には本人も判然とは意識してゐない、記憶の空白があるのではないか、といふのが筆者の推測である。この推測は当つてゐなくても構《かま》はない、結果として偶然の符合であつてもよい事なのだが、この時彼の潜在意識の中からその文案に暗示を与へてゐたのは、新渡戸稲造による日本の天皇と国民との関係の説明だつたのではないか。

新渡戸稲造が示した認識

新渡戸のその説明は昭和6年、彼がジュネーヴでの国際聯盟事務局での7年の勤務を終へるに際し、或るイギリス人の友人の慫慂《しょうよう》に応へて著した『日本―その問題と発展の諸局面』と題する英文の著述で、ロンドンのアーネスト・ベン社から出た。同じ年にニューヨークでも別の社から刊行されてゐる。この書がもし昭和21年にGHQの憲法起草委員達の手許にあつたとすれば、おそらく彼等の日本語通訳として作業に協力してゐた当時22歳のベアーテ・シロタが東京市内の図書館から借り出して提供したものであつたらう。

この書の第4章「政府と政治」に〈かくて天皇は国民の代表であり、国民統合の象徴である。而して人々を統治と臣従の関係に統一してゐる絆の真の本質は、第一に神話に示された血縁関係であり、第二に道徳的結びつきであり、三番目が法的義務である〉といつた定義的な説明が見えてゐる。

新渡戸が〈天皇は国民統合の象徴〉であるとの認識を示したのはこの書に於いて初めてではなかつた。該書より遙かに高名な、英文での著書『武士道』（明治34）でもブートミーが『英国民』でイギリス王室について〈それは権威の表象《イメージ》であるのみならず、国民的統一の創造者であり象徴《シンボル》である〉と説明してゐる一節を引いて、彼は〈この事は日本の皇室については二倍にも三倍にも強調せらるべき事柄である〉と注記してゐる。

新渡戸の『日本』は昭和60年の全集刊行まで邦訳が無かつた。『武士道』は邦訳も明治

41年が初版だつたといふ古さの故に概して忘れられてゐたので、新渡戸が天皇の存在を夙《つと》に〈国民統合の象徴〉と呼んでゐたといふ事蹟はとかく国民の認識から洩れてゐた。

過激な変革を要さない表現

それ故に、総司令部案の邦訳が日本国憲法の草案として世に知られた時、その要綱では、天皇は日本国の元首の地位にあるとしたマッカーサー原案を伏せた形で、天皇は国家の象徴であり〈国民統合の象徴〉であると書かれてゐた事に識者達は大きな困惑を覚えた。

この事態に最も真摯《しんし》に対処した知識人達の代表とも云ふべき和辻哲郎は、昭和20年から23年にかけて「国民全体性の表現者」を中心とする連作の論文を以て、象徴と表現する事が天皇の地位の革命的変化を意味するわけではないとの見解を展開した。もしこの時彼が新渡戸の過去の業績を知つてゐたならば、論策の有力な支柱となり得てゐたであらうが、それが無かつたから、和辻は〈日本国民の総意〉といふ字眼に力点を置き、総意の形成は歴史の所産であるとの立論を以て、国体は変更を受けてゐない事の論証に肝胆を砕いた。

新渡戸、和辻両先達の学問上の考察を踏まへて問題を見てゐる私共は、象徴天皇制といふ枠組の維持には別段過激な変革を必要とするわけではない事を知つてゐる。国民の総意との観点に立てば帝国憲法と旧皇室典範に定められた皇位継承の慣例は依然有効である。

国民請願で皇室の藩屏再建を

平成29年7月7日　産経新聞「正論」

月刊誌「正論」の平成24年3月号に皇室典範問題研究会といふ小規模な民間の任意団体の報告書「皇位の安定的継承をはかるための立法案」の要綱が掲載されてある。今は世間からは悉皆《しっかい》忘れられてゐる記事であらうが、これは上記の民間有志が平成14年から平成20年9月までの7年間に亙《わた》り、途中平成17年の小泉内閣による皇室の構造改革といふ伝統破壊工作に切迫した危機感を覚えながら鋭意まとめ上げた研究成果である。

皇籍復帰による宮家再興を

この報告書は完成直後に、当時結成されてゐた「皇室の伝統を守る国会議員の会」の代表を務めてゐた数人の自民党の代議士氏にお預けして、快く受取つて貰ふ事は出来たのだが、その時の議員諸氏の話では、国会議員一般の間ではこの問題についての関心は全く冷え切つた状態にあり、切角の提案もどの様にして生かしたらよいか、全く未知数であるといふ正直な返答であつた。それでも提案者側は、この成果報告について有志の会が、この文書の含む情報・資料・見解等について著作権めいたものを主張する事は毛頭なく、全ては議員立法等の措置を立案する委員の方の自由な使用に委ねる旨をよく説明して辞去したものだつた。

その報告書の提案内容は簡約して言へば、皇位継承といふ国家的重大事の安定と、御高齢に達せられた今上天皇の世俗公務の御負担の軽減をはかるといふ二つの目的のため、皇族宮家の充実が必須の要請である事、此を政策的に言へば、大東亜戦争の敗戦に伴ふ披占領期に米国占領軍が画策し強制した、当時の直宮家以外の皇族11宮家の総数51名の臣籍降下といふ異常な措置を、現政府をして遡《さかのぼ》つて撤回せしめるといふ事にあつた。

具体的には昭和22年10月に宮内府告示を受けて皇族の身分を離脱された宮家の中で現に存続して居られる6家、就中《なかんづく》現在男系の男子後裔をお持ちである5家の旧宮家に、皇籍への復帰による宮家の再興をお願ひするといふ案である。

皇統の護持と皇室の弥栄

此は多方面から種々検討してみた結果、十分に現実性のある方策であつたが、翌平成21年夏の思ひがけぬ政権交替により、名前は民主党であるが、正体は社会主義革命を夢みる左翼分子の残党が政権の座に即《つ》いてしまつた。その内閣の下では皇室の永世御安泰を図るための占領政策の清算は到底望むべくもない。皇室典範問題研究会はむしろ皇室の藩屏《はんぺい》としての宮家再建案がなるべく表沙汰にならぬ様に沈黙を守る事を申し合せた。

周知の如く、民主党政権の末期に、背後の如何《いか》なる黒幕に唆かされての事か臆測の限りでないが、23年10月に至り宮内庁長官が不意に女性宮家の創設といふ詭計《きけい》を公言し始めた。そのうしろ暗い下心に対する警戒の聲も直ちに上りはしたが、言ひ出した策謀家の末流の党派が執拗《しつよう》にこの要求を取り下げずにゐる事も現に世間の眼に見る通りである。

所で、上記の二つの大目的を達成するために皇室の藩屏の再建といふ構想を持ちながら、自らの政治的な無力を託《かこ》つばかりであつた草莽の有志達の耳に思ひがけぬ朗報が入つて来た。それは本年の建国記念の日を機縁としての事であつたと仄聞《そくぶん》するが、民間の或《あ》る有力組織の有志達が、皇統の護持と皇室の弥栄を願つて今国民のなすべき喫緊の課題は旧宮家の皇籍復帰の実現であるとの認識に達し、この目標を掲げての広報活動の実践に着手した、との消息である。

冒頭に記した様な弱小な数人の会によつてではない、広範囲な国民運動の一環としてこの様な聲が揚れば、それは立法府の中枢部としても無視で済ます事はできない民意の糾合として働く筈《はず》である。

現実性を保証するのは熱意

例へばこの人々の中には請願法の活用を考へてゐる向もあるとの事だが、その効果は期待できる。請願法は昭和22年5月に日本国憲法と同じ日付で施行された戦後の新法であるが、第3条に〈天皇に対する請願書は、内閣にこれを提出しなければならない〉とたしかに明記してある。即ち国民の請願は天皇に対しても提出することが法的に可能な民意表示である。但《ただ》し、例へば靖国神社への御親拝を奉願するといふ様な天皇お一人の私行に関する事ならばそれもよいであらうが、旧宮家の皇籍復帰といふ、国家予算上の措置を必要とする次元の問題となると、それは現憲法第4条が天皇は〈国政に関する権能を有しない〉と規定してゐる、天皇の権能の限界を超える行動への要請となる。そこでその請願はむしろ初めから内閣宛に絞つて提出するのが妥当だといふ事にならう。

内閣宛の請願の処理の最終責任は当然総理大臣にあるが、安倍晋三氏ならば請願法の規定通りに受理し〈誠実に処理〉してくれるであらう。首相周辺の政治家の中には旧宮家の復籍は現実性がないとの意見の持主もゐる由であるが、政治家が現実性を否定したり、法的手続上の困難を言ひ立てたりするのは、多くは自分の懈怠《かいたい》の粉飾である。現実性を保証するのは他ならぬ国民の請願の熱意である。

皇位継承儀礼は伝統に則して

平成30年1月8日　産経新聞「正論」

平成28年8月8日に今上陛下が譲位の御意向を直接国民に向けて表明された時には、我が国の立憲政治確立以降前例のない難問が出来《しゅったい》したとの印象があつた。それが昨年12月1日の皇室会議での決議を8日の閣議で正式の決定に漕ぎ着け、陛下の御意向に添ふ形で難題の決着がついた次第は先づは祝着の至りである。

政教分離への小心な配慮無用

これは天皇の国事行為について助言と承認の全責任を負ふ内閣が立派にその任務を果たしたわけであり、さすがに歴史的見識と政治的力量十分な現総理の率ゐる内閣にふさはしい事蹟と評価できる。

但、予告された31年4月30日の御譲位、翌5月1日の改元といふ段取りには、その間になほ解決しておくべき幾つかの課題がある。それを摘記して、妥当な落着への推進を政府にお願ひしたいといふのが年頭に当つての感想である。

今回の御譲位はその発想から皇室典範特例法の制定に行き着くまで、現行憲法の、殊に第4条の天皇の国政に関する権能の制約を超越しての超憲法的措置である。従つて新帝の即位に関はる諸種の国事行為の遂行に当り、昭和から平成への御代替りの際の前例を固定的に踏襲する必要は解消してゐる。むしろ二百年前の光格天皇から恵仁親王（仁孝天皇）への御譲位が生じた文化14年3月22日の例に倣つて進めるのが順当である。

御譲位の結果として即日発生する重要事案が新帝の踐祚《せんそ》の儀である。この「踐祚」の概念は明治憲法下の大正天皇、昭和天皇の皇位継承の折には生きて作動してゐたのだが今上天皇の平成の御代替りに際しては何故か顧みられなかつた。それを今回は復活せしめるべきである。そこで初めてその年の秋に斎行される「即位」式の御大典の一連の儀礼、殊に大嘗祭の有する意味と重要性が鮮明になる。

あるべき姿を取り戻す

超憲法的措置の結果として生ずる国事である故に、今回特に考へておくべき事として、平成の御代始めに於いて露呈した如き政教分離原則への恟恟《きょうきょう》たる気兼ねは不要である、といふよりもむしろ其の氣兼ねを鋭意克服すべきである。平成の即位の礼ではその大尾を飾る大嘗祭に於《お》いて、宗教色を薄めよう、或《ある》いは排除しようとの小心な配慮が露骨に表れて却つて醜態をさらしたとの悪評が専らであつた。今回こそ平成の前例に拘束される事なく、皇室の祭祀儀礼に於ける古来の伝統に基いての宗教性を堅実に再生させる重要な機会である。

元来、現行憲法が70年来引摺つて来た降伏協定文書其儘《そのまま》の被占領状態を清算して日本国のあるべき姿を取り戻す、といふのが安倍晋三政権の公約であり、国民が現政権に寄せてゐた期待の焦点であつた。この期待から、前文と第9条2項が告白してゐる国家主権不在状態の解消と共に20条3項の厳格すぎる政教分離規定の緩和が必須の要請となる。況《ま》して後者の項の拘束力は宗数的施設・学校等への国費支出を以て事実上完全に破綻してゐる。その様な天下周知の欠陥法規なのだから、皇室祭祀の問題に限つて今更この規制に拘泥するのは、却つて法理の公正性を蹂躙《じゅうりん》する反理性的な形式主義である。

平成31年に予定されてゐる新帝の踐祚、改元、即位式、大嘗祭といつた一連の皇位継承儀礼を、現行憲法の硬直性を脱却し、正に光格天皇の御譲位から昭和の御代の開始にかけての先例を十分に考証した上で、我が国古来の伝統の精神に則つて毅然として遂行すべきである。それは国家の将来にとつての実に重要な配慮である。

伝統儀礼が復活するならば、第20条について事実上の改憲が成功したと同然であり、9条2項の破棄を含む憲法全文の改訂にもよき心理的影響を与へるであらう。

旧宮家の復活が本来の筋

皇室典範特例法の成立に向けてはなほ一言書き落とすわけにゆかない件がある。即ち皇位継承の安定を保障するための諸課題の検討例を挙げるのに〈女性宮家の創設〉のみを具体的に例示したのは失態である。ここはむしろ諸課題の筆頭として、皇位継承権者の範囲を拡大するために、旧宮家の然るべき方々に皇族への復帰をお願ひする、といふ提案がなされるべきであつた。女性宮家の創設案は、皇位継承権者の増員につながるものではないのだから要するに無駄である。もし現在の女性皇族の方々に引続いて皇室行事への補佐を期待したい場合には、そのお嫁ぎ先としての旧皇族宮家の復活を図る方が本来の筋である。

皇位継承といふ大事の制度的安定を図る方策として、右記の件は年来本欄を借りて度々提案して来た事である。それは今回の思ひがけない超憲法的事態の展開に加へて、現内閣の如き長期政権の実力によらない限り実現を期待できる話ではない。政権担当者のみならず、立法府の全議員諸氏が、御自分の任期中にこの困難な立法措置に参画することができたのだ、との誇らしき記憶を獲得するために高邁《こうまい》な決意を固めて頂きたい。

旧宮家の早期皇籍復帰を切望する

平成30年4月1日　『アイデンティティ』第91号

敗戦国の苛酷な運命

大東亜戦争では緒戦数箇月の間に日本軍は廣大な東南アジアの地の大半を占領し、その地域から英・米・蘭・仏の白人帝国主義勢力を駆逐することによつて「東亜の解放」といふ戦争目的の一半を殆ど達成してしまつた。

この成果は昭和二十年八月の日本帝国の敗戦とその結果としての占領地からの撤退の後、各地域の民族独立運動推進勢力に確乎と継承され、この戦争を境目として世界地図の大幅な塗替へといふ世界史的大変革は確実に進行し始めた。さうした大事業の主役を担つたのが我が日本帝国であつたが、戦争それ自体については国の版図がほぼ日清戦争開始以前の状態にもどるといふほどの大きな損害を払つた上での敗北に終つた。

日本の主敵国であつた英・米両国の強《したた》かさも、思へば深い感慨をさそふに足るものだが、両国は緒戦での大敗退を以て戦争自体を失ふとは寸分も考へてもゐなかつた。

昭和十七年の夏にはガダルカナル島をめぐつての反攻が開始され、彼等は早くも自信を回復した。同年の年末に欧洲戦線でドイツ軍の敗色が決定的となつた事も連合国の対枢軸戦勝利の感触を確実にしたことであらう。昭和十八年十一月のカイロに於ける米・英・華三国の首脳会談では日本の敗戦が既に決定的な事実であるかの如き議題とされ、その結果としての十二月一日のカイロ宣言は敗戦後の日本国に対する連合国側の基本方針として、二十年一月米・英・ソ三首脳のヤルタ秘密協定、七月の米・英・華三国共同のポツダム宣言に受けつがれることとなる。

この様にして、実に口惜しい話ではあるが、敗戦後の日本に対し、勝利者側の連合国、殊にその中核である米国がどの様な方針を以て戦後処理に臨むべきかといふ問題についての彼等の討究は、停戦より遥か以前に開始されてゐた。その方針貫徹の厳酷さは敗北者たる日本国には異論の挟み様のないもので、日本国民は戦争に負けるといふ運命の酷しさを唯嘆き諦めるより他はなかつた。

米国民主党政権の日本弱体化方針

ところで米国内での対日処理方針の意見は決して一本に纏まつた形で動いてゐたのではない。外交上陰険な手段を用ゐて日本を挑発し、我が国が自存自衛のための戦ひに立上がらざるを得ない際にまで追ひつめたのはＦ・Ｄ・ルーズヴェルト大統領の率ゐる民主党政権だつた。

この政権は平成十四年頃から中西輝政京大教授（当時）が精力的に解析された、アメリカに於けるソ連秘密諜報工作についての記録文書が明記してゐる如く、コミンテルンのスパイにその奥深くまで浸透され、事実上このスパイ達の恣《ほしいまま》に操作されてゐた。従つて、究極的には世界共産化の野望に駆られて攻撃的謀略を逞しうするソ連共産党の大原則に沿つて、世界最古の帝室を戴く日本帝国の、その根幹たる皇室伝統の廃滅を綱領とする革命計画の影響を強く受けてゐた。当然ながらそれはアジアの覇権国家を目指す中国共産党の対日方針とも一致してゐた。

加へて米国民主党政権は、大東亜戦争の末期に至つて、パラオ諸島ペリリュー島の攻略戦（昭和十九年九月～十一月、七十日間）、硫黄島占領戦（昭和二十年二月～三月、二十七日間）、更に沖縄本島の戦ひ（二十年四月一日～六月二十二日、八十四日間）等に於いて日本軍の戦意の旺盛、作戦の巧妙、捨身の抵抗の熾烈さに心底から恐怖を刻み込まれてゐた。島嶼での地上戦のみならず、海洋上での神風、回天等の「特別攻撃」で、心身に如実に体験した日本軍の将士の強悍と勇猛も凄まじいものだつた。

そしてその日本軍の強さの淵源が一に懸つて彼等が神と仰ぐ天皇への忠誠心にあるとの分析は問違つてゐなかつた。

そして又、「天皇の島」とも呼ばれる事になつたペリリュー島守備隊にあてて昭和天皇が十一通もの御嘉賞の電報を送られた意味も米軍は的確に理解してゐた。

日本軍の強さはアメリカの国運にとつて甚大な脅威であり、且つその脅威の淵源は即ち天皇の御稜威といふものである、との一種の観念連合が民主党政権の固定観念となつた。

共和党の強国日本利用戦略

共和党の日本観はそれとはかなり違つてゐた。といふよりは端的に対照的だつた。昭和二十六年五月三日に、朝鮮戦争での積極的攻撃方針を危険視され、トルーマン大統領から解任されて帰国を余儀なくされたD・マッカーサーが上院軍事外交合同委員会で衝撃的な告白を証言した事実は良く知られてゐよう。

曰く、「自分の個人的見解ではあるが、我々が過去百年間に太平洋で犯した最大の政治的過誤は、共産主義者達がシナに於いて強大な勢力に成長するのを黙認してしまつた事にある」と。

そしてその同じ文脈で、彼は日本の対米戦争は自衛戦争であつたと、敢然として証言した。マッカーサーから見ればアジアの平和的秩序を破壊し、それによつて太平洋に於けるアメリカの安寧を脅かす事になつた元凶は中国共産党であり、且つその背後にゐて彼等を唆してゐたコミンテルンである。

その危険に逸早く気付いてソ連と中共の覇権意志からアジアの秩序を守らうとして挺身したのが日本である。東京裁判史観の対極に立つこの史観は共和党に受継がれた。防共の砦として、秩序安定の要としての日本の役割は敗戦後といへども依然同国にかかつてくる世界的使命である……。日本軍の精強と軍事技術は日本人がその使命を果たすに十分の資格がある事を証明した。

第二次世界大戦後に尖鋭に現象化した自由主義陣営と共産主義陣営との冷戦構造の中で、強い日本の復活こそが世界秩序の安定要因の重要な重石として期待される……。

皇室の段階的衰滅を狙ふ

言ふまでもない事だが日本占領統治の役割を担つたのはトルーマン麾下の民主党政権である。共和党がアイゼンハウアーを候補に立てて政権を奪取したのが一九五三年（昭和二十八年）だから、昭和二十七年四月の平和条約発効、独立国家主権回復までの六年八箇月の間、我国は日本弱体化方針を基本原則とする民主党政権の管理下に置かれてゐた。

民主党の日本弱体化政策の中軸をなしてゐたのが他ならぬ皇室への圧迫であり、皇室の段階的衰滅を狙つての各種占領政策の強行である。

皇室制度それ自体を破壊する事は、抑々皇室の安泰を保証する事で辛うじて日本側に呑ませたポツダム宣言の条件に違反するのであるから、国際条約の信義にかけて、米国でもそれはできなかつた。

第一、連合国総司令官たるマッカーサーが、日本占領統治といふ大事業を完遂するには天皇の権威が不可欠であるといふ構図に気付いたのであるから、彼自身の野心の達成の為に、天皇の存在は守り通さなくてはならなかつた。そこで天皇の廃位を企む極東委員会と天皇を守らうとするマッカーサーとの間に勝利者の獲物争ひの如き暗闘が展開する事になる。その最も見易い現象化が、日本国憲法制定の基本原理たるマッカーサー原則をめぐつての日本側とGHQの中に潜入して来たコミンテルンの秘密工作員との間に交された虚々実々の政治的駆引である。

何分紙面の制約上文字に表せるその機微を御紹介する余裕がない。詳細を知りたい向は江崎道朗氏の労作「コミンテルンが歪めた憲法の天皇条項」（同氏著『コミンテルンとルーズヴェルトの時限爆弾』平成二十四年展転社刊第三章）を参照して頂きたい。

心ならずも結論を急ぐ事とするが、コミンテルンの三二年テーゼ（昭和七年、天皇制廃止を強調）の延長線上で工作を企むＧＨＱ内の赤化分子の暗躍が功を奏し、皇室財産の凍結、皇室の財政的窮乏、結果としての皇族十一宮家の臣籍降下、皇室典範の新憲法下での一般法令への格下げ、その結果としての憲法の男女同権原則の優越視等々、可視的な暴力によるのではないが、それに近い効果を有つ皇室制度の無力化・衰弱化が次々と画策された。

この傾向は昭和二十七年四月の占領終了、国家主権の回復以降さすがに目立つ動きを見せず、昭和天皇の御在位中は皇室には一種の安定状態が続いてゐた。所が平成の御代替りの後、小泉純一郎内閣の時代に米国から我が国に向けての所謂構造改革要求が執拗となり、政府がその要求に釣られて浮足立つ如き姿勢を取つた事に連動して不穏な動きが生じた。

即ち平成十七年一月から始まつた「皇室典範に関する有識者会議」なるものである。

それは、有識者どころか、皇室の伝統について何の歴史的知識も有たぬ素人集団が専ら現代の大衆的俗情に阿る形で、政府の思はくを支持し賛同する結論を答申する八百長芝居の如きものだつた。何よりも有害だつたのは、肇国以来遵守されて来た厳正なる皇室伝統を、現代の世論を口実として変更する事が許されるのだといふ様な不遜な思ひ上りを国民の間に撒き散した事である。

崩壊の危険水域に近づいてゐた皇室伝統は平成十八年九月の秋篠宮家に於ける悠仁親王の御誕生を以て奇蹟的に存続の兆しを見る事ができた。然し未だ崩壊の危険が去つたわけではない。

昨今又しても目につく様になつた女性天皇容認論は、占領初期のコミンテルン系赤化分子が企んだ日本弱体化謀略の焼直しである。但、コミンテルンは消滅したのであるから、今回の謀略の震源地は、皇室の廃絶を以て日本の弱体化を目論む周辺の潜在敵国であらう。尖閣諸島から沖縄にまで侵略の機会を狙つてゐる中国、反日といふ点では既に気分的に統一を実現してゐる北朝鮮と韓国、この三者は日本国内に生じてゐる感情的な女性天皇容認論を、内心の喝采を噛み殺して北叟《ほくそ》笑みながら見守つてゐるであらう。

皇室の衰頽した日本国には、もはや曾て「天皇の島」ペリリューの守備隊が示した如き勇猛は期待すべくもない事を彼等はよく見抜いてゐる。情緒的に反応し易い日本人の国民性もよく見てゐる。

危機克服の手段は一つしかない。「強国日本」の復活である。その実現のためには、七十余年の後でもまだ遅くない。昭和二十三年に企まれた皇室の藩屏としての皇族の解体を、現在可能な範囲一杯に復元し再生することである。そして、戦時中と同様の「雄勁なる皇室」を再建することである。

皇室の繁栄は民力再生の道標

平成31年1月7日　産経新聞「正論」

国事のお務めへの深い感謝

平成の元号の下に迎へる最後の正月である。先帝陛下の御危篤状態を憂へつつ迎へた昭和64年にもこれが最後の、との予感はあつたが、確実に改元が予定されてゐる新年を迎へるのは国民一般にとつての初めての経験である。御代替りに伴ふ諸々の変革がある事を了解の上での越年といふ珍しい歴史的事態を、格別の混乱もなく乗切つたのは安倍晋三内閣の対応宜しきを得た故であり、その国政運用に先づは賛辞を呈しておきたい。

斯くて年頭の所感も、あと4箇月で譲位される今上陛下への、30年の国事のお務めへの深い感謝と、直ちに皇位を継承して国民統治の象徴といふ重責を担ふ地位に即《つ》かれる新天皇への言祝《ことほ》ぎと、この二点に尽きる。

自主憲法制定といふ最早此以上の先延ばしを許さぬ重大な国家的懸案、又この懸案の早急な解決を促す外的条件である東アジア国際関係に於ける険悪の度の増大、その他の重大な課題に対しては、夫々《それぞれ》の領域での専門家諸氏の意見や抱負がお有りであらう。筆者の立場から一件提言を述べるとすれば、それは実は平成21年1月1日の本欄に寄せた「皇位継承に制度的安定を」なる一文のそのままの延長上でその主旨を再言するといふ形になるより他ない様である。

今上陛下御在位20年の奉祝記念行事を盛大に挙行したあの年から10年を過ぎたわけだが、この間に筆者を含む現代尊皇派の有志達が様々な形で世に問ひ、訴へかけもした論策の数々は上記の制度的安定の増進には寸毫の寄与する所なく、他方で却てその安定に一時的動揺を来すかもしれぬ週刊誌種的な変事件が生じたりもした。

之に加へて秋篠宮文仁親王殿下が昨年の11月30日、御誕辰《たんしん》記念の記者会見の席上で述べられた大嘗祭の規模縮小を宜しとする御認識が小さからぬ波紋を拡げることになつた。殿下の御意見の骨子は二点に絞られてゐて、一は憲法二〇条3項の規定する政教分離原則を考慮する時、大嘗祭は明らかに神道の思想と様式に基く秘儀的な祭式なのであるから、この儀式の斎行に国費を充てるのは違憲の疑ひがあるのではないかと平成の大嘗祭の際に既に感じてをられた、との疑念の御表明である。

国体の根幹成す伝統祭儀

他の一点は、現在の皇室は内廷（天皇御一家）と皇族宮家とを合せて見ても至つて規模の縮小した家門となつてをり、大嘗祭といふ重要な儀式を謂《い》はば皇室の〈身の丈に合つた〉規模のもの、即ち内廷費を以て賄へる程度の内輪の祭式に抑へてよいのではないか、との一見謙抑な御見解の述懐だつた。

この御発言の趣旨について宮内庁長官の説明が不十分だつたとの御不満も洩らされてゐたが、それはたぶん時間不足等の非本質的な不行届にすぎず、現在は宮殿下も諸種の情報源からほぼ御納得のゆく程の説明は聴取されてをられるであらう。

即ち大嘗祭の孕む政教問題は平成の前例を踏まへて、違憲の疑ひは完全に払拭されてゐる事、又それは日本といふ国の国体の根幹を成す伝統祭儀であるのみならず、対外的にも国家の面目を支へる大事な儀礼である故に、国費を十分に支出して立派に行ふ意味を有する行事だといふのがその本質的性格規定である。

以上は今春に斎行の運びとなる皇位継承儀礼に向けての一般論に当る所懐であるが、この機会に敢へて言挙げしておきたい公共的提言がやはり二点ある。

日本人の敬神崇祖の精神

一は、秋篠宮殿下にすら或る種の不明朗な影響を及ぼしてゐるらしい所謂政教分離原則への固執に対する警戒である。思ひ出すのは平成9年4月2日の「愛媛玉串料訴訟」に対して最高裁大法廷が下した違憲判決である。あの時の最高裁多数派判決に与した判事の中の数人が政治と宗教の完全分離こそが理想であるとの補足意見をつけた、その時の彼等に対する筆者の怒り、といふよりも軽蔑の衝動は忘れ難い。この人々は欧米キリスト教文化圏諸国の歴史に於ける教会といふ大組織の揮ふ権力が、帝室・王室の政治に介入して民生にまで禍害を及ぼした、その歴史を見て、政教分離思想を近代国家の一の指標であると思ひ過《あやま》つたにすぎない。日本では政教関係の歴史は全く別の性格を有し、皇室と宗教界（神道仏教双方）との間柄は常に親和性を保ち、相互の尊宗と保護が奈良時代に基礎を築かれて以来今に至るまで、その伝統は美しく保たれてゐるのである。

もう一つ、結びに記しておきたいのは、宮中祭祀とは決して皇室の私事ではなく、日本人の敬神崇祖といふ精神伝統それ自体の代表であり、象徴であるといふ現実である。その意味で皇室といふ家門は益々繁栄して頂かなくてはならない。その身の丈を昔を凌ぐほどに伸長して頂きたい。それは少子化による人口減少に怯えてゐる現在の日本人にとつて、多産家族再生への何よりの激励となる。

第Ⅱ部

「靖國問題」考

1

国民精神の支柱としての靖國の記憶

平成十七年三月十九日　靖国神社崇敬奉賛会主催「第六回英霊慰霊顕彰勉強会」

国家意識が分裂してゐる日本国民

先づ、掲げました演題の説明が必要かと思ひます。「国民精神の支柱としての靖國《やすくに》の記憶」といふのですけれど、その国民精神とは一体何なのか。靖國の記憶といふ、この二つの語の結びつきは、よく見かける表現ではないけれども、そこからどういふ意味が出てくるのか。教師型の人間相応に主題の言葉の上での説明から入ります。

国民精神と申しましても、別に概念としては、難しいものではないのです。自分たちは日本国の国民であるといふ自覚があるといふことが大前提ですけれども、その自覚がその個人の精神活動、これも常にそれに規制されてゐるといふ必要はないので、意識の底の方のどこかに、我は日本国民なりといふ自覚が潜在してゐれば、その人は国民精神を身につけてゐるといつてよろしいでせう。

そしてそれが国民といふ大きな集合体の中で、例へば特色のある私立学校には校風といふものがあります、あるいは企業、会社にも自らの組織の氣風、社風といつたやうなものがあるでせう。それと同じやうに国民といふ大きな集合体の全体にみなぎつてをります精神の状態、それが表現されてゐれば、それを国民精神と呼ぶことができると思ひます。

問題は今日現在の我が日本国に、そのやうな大きな集合体、いつてみれば国民共同体といふものでありますが、その集合体を統一できるやうな共通の意識が確かにあると言へるのかどうかといふことなのです。

なぜそのやうな疑ひが生じるかと申しますと、実はこれはもうほとんど説明を必要としないので、皆さん方各人が各々自問してご覧になればよろしいでせう、我々は今国民精神と呼べるやうな万人共有可能な精神のあり方をつかんでゐるのかどうか――。ちよつと心もとないといふ氣がなさるのではないでせうか。せめてそのやうなものの存在ぐらゐは、認識してをられるかどうかが問題なのです。

それに対しまして否定的な答へを出さざるを得ないゆゑんが、現にいくつかあります。ただいまも司会の方からご指摘がありましたけれども、いよいよ日本国憲法を改正して、日本人自らの手によつてつくられる国家基本法を持つた国にしたいといふ多年の希望が、やうやく具体化の兆《きざ》しを見せてまゐりました。

国家の基本法の体系は、当然ながら国民の国家意識の反映であると考へられます。例へば、明治二十三年に制定されました大日本帝国憲法は、まさしくさうしたものでありました。帝国憲法の制定に携りました伊藤博文を始めとする明治維新の国作り運動のリーダーたち、この人たちは当時のドイツ、オーストリアを中心として、ヨーロッパの学界を支配してをりました法律上の歴史主義、これを学界用語では歴史法学と呼んでゐるのですが、その立場に立つて国家基本法の制定に取り組んだのです。

歴史法学の立場とは、簡単に言つてみますと、法といふものは、国民精神、民族精神と呼んでもよろしいのですけれども、歴史の上に表れた国民精神のありやうを具体的に法の言葉に定式化したものであるといふ、さういふ見地なのです。

そこで伊藤たちは明治十五年にドイツ、オーストリアへの視察から帰つてきまして、憲法発布《はっぷ》の二十二年までの七年あまりの歳月、ひたすら日本の歴史を学んだのです。もちろん歴史に表れました日本人の法思想の具体化の先例や、慣習をも学びました。もつて国民精神の法的な言語化としての憲法の制定に成功した。かう評価できるのです。

ところが現行の日本国憲法と称するものは、決して日本民族の歴史を反映させたものではありません。それどころか日本民族の歴史を故意に無視し、否定するところから生まれた戦後の法律体系の、その基本になつてゐるものなのです。その又更に基礎になつてをりますのは、アメリカの占領軍、それを遡れば、合衆国統合参謀本部といふ米国軍の総元締があるのですけれども、その統合参謀本部から出ました、対日占領政策基本方針なのであります。

出来上つた結果は、ですから被占領地管理政策綱領といつたものであります。さういふ屈辱的な占領方針の条例化を、米国の占領軍総司令部が厚かましくも、大日本帝国憲法の改正条項に基いた上での改正法規だとして、日本国民に採択を強制したのです。

この制定経過に潜《ひそ》むいかがはしさ、これは今日現代史家によつて既に十分に研究し尽くされてをりますが、その裏面に実に耐へ難い虚偽と瞞着《まんちゃく》が潜んだものでありまして、それにもかかはらず制定以来既に六十年近く持ちこたへてをります。敗戦と占領に伴ふ屈辱のしるしであるとして破棄されるどころか、部分的な改正さへ施されることなく、今に至るまで我々日本国民の思考と行動を規制し続けてゐるのです。ですからここに潜む欺瞞《ぎまん》を自分の眼で確認して以来、私は我ながら不謹慎《ふきんしん》かと思ひますが、これは一種の怪文書であるとしか呼ぶ氣にならないのです。

ところでこの怪文書としての憲法と国民との関係、これはたとへて言へば、人間はその体格に合せて仕立てた衣服を着るといふのが、衣裳といふものの本来の姿でありますけれども、さうではなくて他人が勝手に作つた変な衣服を着せられて、さあこの服に合せて肉体を成長させろ、緩いところは早く体を伸ばせ、きついところは肉を削り、骨を縮めよと命ぜられたやうなものです。ですからさうした不条理な強制が何年か何十年か続くうちに、実際に押しつけられた衣裳に合せて、体形をゆがませたり、あるいは変形させたりして育つた人間が多く出現することになつてしまつた、さういふ状況です。当然ながらこの非常に窮屈《きゅうくつ》な着物、何か囚人が着せられる狭窄衣《きょうさくい》といふのがあるのださうで、その実物を知りませんけれども、そんなものをつい連想します。

さうした憲法に合せて歪曲した体形に成長した人間と、それに合せることができずに不適応のままに、この衣裳を着用することを、拒否し続ける人間が生まれてまゐります。もちろんその中間段階もいろいろ存在するかと思ひます。

さうしますと、この憲法が国民の思考と行動の大筋の枠組みとして機能してゐる限り、現に今のところは機能してゐるわけでありますけれども、それが日本人の国家意識の分裂の原因となつてゐるのです。つまりこの憲法は憲法としてのあるべき姿に背いてゐる、私ども日本国民の国民精神を体現し反映したものではない、むしろその否定形である。

この矛盾に悩んでゐる人間と、いやその憲法に合せて我々は自らの国家意識を形成してきたのだ、現にそれは我々の国家意識を言語化した体系なのだと肯定的に主張する人々といふ二つの集団が、この国内に存在してゐることになります。さうなりますと国民の国家意識は、大きく分ければ二つに分裂する。さらにそのさまざまな中間段階を含めて考へますと、国民の国家意識は四分五裂《しぶんごれつ》の有様を呈してゐるといふことになつてしまふでせう。

そのやうに意識が分裂してゐる限り、現に我ら日本国民は、統一したといふ意味での国民精神の名に値する意識を持てずにゐるといふことなのではないでせうか。つまり国民精神なるものは存在しないといふことになつてしまふのです。

国民精神の形成を妨げる現憲法の三原則

米軍による日本国軍事占領の開始に伴つて策定され、実施されてきました占領政策基本綱領でありますが、これがついに日本国憲法といふ名前を与へられてしまつた、この怪文書は到底国民精神の言語化などではあり得ないといふことです。

その所以《ゆえん》は、最近の憲法改正の動きの中で、改めて見やすい形で表現されてきてをります。いろいろな形で皆様もお氣づきではないかと思ひます。すなはち与党でありますす自民党案が、多分私どもが最も重視せざるを得ない改正案だらうと思ひますけれども、そこに憲法の三原則といふことを言つてをります。そしてこの三原則に沿つた形で各章、現在は十章に分かれて、補足として第十一章がつけられてゐますけれども、その改正の案文を掲げてゆくといふ方式で、改正案が現に提示されてをります。

国民精神の真の体現としての自主憲法の制定を説く論者たちにしてみますと、現行憲法の三原則に沿つてと言はれたのでは、それでは改正にはならないではないかと言はざるを得ません。その三原則なるものこそが、実は国民の国家意識の統一としての国民精神の形成を妨げる最大の原因なのです。

国民精神と呼んで然るべきものはかつて確かに我々の内面に存しました。それは敗戦といふよりむしろ、被占領といふ経験によつて失はされたものです。ですからその失はれた精神を再建するといふ表現が、よろしいのではないかと思ひます。その再建を妨げてゐる元凶が、他ならぬ現憲法の三原則です。それをそのままにしておいて憲法を改正するといふのは、改めるのではなくて、この怪文書が持つてをります日本占領方針の奇怪な性格を固定してしまふことになる。これまでは敗北者である我々が勝者たる占領軍からの強制に屈従して、といふ形であつたものを、自ら進んで肯定して、さらに強固にすることになつてしまふのではないか。我々はこのことをおそれてゐるのです。

そこでその三原則とは何かといふことです。つまり何をこの占領基本法の最も重要な原理と見るかであります。これは何しろ制定以来六十年の経過を経てきてをりますので、解釈の歴史にも時期によつて多少のずれはありますけれども、今は大体一定しております。現在説かれておりますのは、第一に国民主権主義、第二に平和主義、第三に基本的人権の尊重といふこの三つの項目です。

まず、第一に国民主権主義でありますが、これは日本の歴史から導き出すことのできない思想なのです。日本といふ国は神武天皇の肇国以来天皇の統治したまふ国であります。大日本帝国憲法では、それをまず第一条に明言し、第四条で少し敷衍《ふえん》して、いはゆる立憲君主制の原理に結び付け、天皇は統治権を総攬《そうらん》なさる存在だといふ形に定義いたしました。法の定める統治の権限の源、法律学の方では法源といふ言ひ方をいたしますが、それは皇《こう》祖《そ》天照大神《あまてらすおおみかみ》の神勅《しんちょく》にある。決して国民の信託によるものではないのです。現行憲法の前文を見ますと、「ここに主権が国民に存することを宣言し」とありますが、こんな不思議な判断は、日本国民が二千年の有史以来、この占領方針の言明を通じて初めて聞く実に面妖な表現なのです。

さらにその先を読みますと、そもそも国政は国民の厳粛な信託によるものであつて、その権威は国民に由来し、その権力は国民の代表者がこれを行使し、その福利は国民がこれを享受《きょうじゅ》するとあるのです。ここまできますと、ははあ、これはリンカーンのゲティスバーグ演説の、しかも誤訳を含んだ焼き直しだなといふことがすぐ分かつてしまふのです。

更にこれは人類普遍の原理であるなどと続くのですから、本当にやりきれない氣持ちがいたします。これは人類普遍の原理どころではないのです。要するにイギリス本国から独立革命といふ形で離反いたしました植民地の革命原理です。極めて一時代的、一地方的な限界を有する主権概念であります。簡単に言つてしまふとローカルなものです。日本のごとく二千年来独立国であり続けた古い君主国がこんな植民地の自治原理を採用するのは、とんだ間違ひといふものです。

第二の原則とされる平和主義について申しますと、これは一見至つて穏当《おんとう》な、別に何も反対する必要もない立派な政治原理ではないかと見えるかもしれません。しかしこれもやはり今から申し上げます二つの理由から、はなはだいただけないのであります。

先づ、凡そ人間には生存への本能がありますから、一つの人間集団としての国家の中に平和を希求《ききゅう》しない国家などといふものはありません。無数の個人の中には、生きようとする本能が、病的な死への願望――タナトス・コンプレックスといふ表現が実際にありますけれども――に圧倒されて覆はれてしまつてゐるケースもあるかもしれませんが、しかしそれは本当に極めて特殊な個人の病的症例です。

人間の本能の平均的欲求を定式化いたしました国家といふ組織は、平和の存続を追求する存在でないはずがないのです。つまり言ふだけ野暮であり、不自然なのです。この不自然の中には実は平和主義をことさら口に唱へることによつて、自らを他者に対して道徳的優位の場に置かうとする偽善が潜んでゐる、しかも極めて簡単に見破られる、程度の低い偽善であります。

次に平和主義の法的具体化として、これは皆さん嫌でもご承知の通り、第九条第2項の交戦権否認の条文があります。これは国家の自然権としての自衛権を否定するものであります。国家の自衛権とは個人で言へば生存権に等しいのです。国家の生存権の否定は、国家の基本法の思想として端的に非常な誤りです。

日本国憲法は前文で自国の主権を維持し、他国と対等関係に立たうとする国家の責務といふことを言つてをります。主権維持のためには、それだつたら交戦権の保有を確認して、戦争をも辞さぬといふ自衛の覚悟があることを憲法にうたはなくてはならないのです。

主権の維持を言ひながらしかも軍備を持たないといふのは、端的に自己矛盾です。さもなければ初めから我が国はある強大国の保護国として存続するといふ国是を告白した方がいいくらゐのものです。この自己矛盾の放置は自堕落、頽廃《たいはい》もいいところです。

第三の原則とされてゐます基本的人権の尊重も、これは平和主義と同様、国家が国家である以上、その国民に最低限度の生存の保障を与へるのは、あらためて言ふまでもない、当然自明の前提なのです。大日本帝国憲法では「人権」などといふ単語は使はずに「臣民権利義務」との章をたてて丁寧に説明してをりまして、これも言はずもがなのことであります。ただこのことは、普通ではちょっと予想ができないやうな弊害を伴ふ場合があるといふことだけを申し上げておきます。それは皆様の多くがいま関心をお向けになつてゐると思ひますけれども、つい最近人権擁護《じんけんようご》法案上程といふ事件が発生いたしました。この法案によりますと人権といふ言葉をかぶせさへすれば、どんな恣意《しい》的な権利主張や欲求の表示でも、いはゆる葵《あおい》の印籠《いんろう》のごとく、これを突きつけることによつて、およそ基本的な言論表現の自由を圧殺する形で、異常な尊大をもつてまかり通る。実に危険なことになります。

これは、靖國神社とは直接関係がありませんけれども、あの法案は退潮を兆してをります左翼陣営が何とかして劣勢を盛り返したいと思つて悪あがきを始めてゐる、さういふ政治運動なのです。彼等がその政治的目的を達成する方便として、その要求に何でも人権といふ旨葉をかぶせる。これがオールマイティになりまして、何でも人権擁護といふ形で、権利の主張ができるのです。

この世の中には欲求不満にかられた人が大勢をりますから、その欲求不満を政治的に組織して、自分たちの政治勢力の中に取り込み、それで自分たちの政治勢力を膨らませようと考へてゐる党派があるのです。その党派の下心を見抜くことが先決問題です。

ただし、これは議会政治の正攻法で封じ込めることができます。やはり、国会議員たちがきちんと勉強して、これをたくらんでゐる一派、これも国会議員なんですから議会といふ本来の政治の場でまともな論戦を戦はせて、相手を論破してしまへば、それで廃案に持ち込むことができるでせう。

人権擁護法案の危険について、ほんの一例を申しますと、ついこの三月に起つたことですが、大阪府の高槻市の柳川中学校で、校長先生が卒業式の際に君たちは国歌を歌はず、国旗掲揚の際に立ち上がらなくてもいいといふ自由を持つてゐるのだよといふ説明がこれまで行はれてきたけれども、今年は校長先生が交代したら、校長がその説明をしなかつた。しなかつたことが生徒の人権侵害であるといふ、ばかばかしくて相手にするのも、その記事を読むのもうんざりするやうな、さういふ事件が実際に起つてゐるのです。

ＧＨＱの圧力で強制された教育勅語の失効決議

ここで、日本の国を思ふ公徳心を国民に植ゑつける人間教育をどのやうに実行してゆくかについて考へておく順序だと思ひますが、これは話は簡単で教育勅語《ちょくご》を復活すればよろしいのです。

教育勅語について皆さんはどんな認識をお持ちでせうか。つまり昭和二十三年に衆議院の国会決議をもつて排除を宣言し、そして参議院が失効確認をしてゐますでせう。だからその廃止は国会が決めたことだと思つてをられるかもしれませんが、さうではないのです。あれはＧＨＱの圧力でさうなつてしまつたのです。

しかも、現憲法の前文にはこの憲法の原理に反する詔勅《しょうちょく》を排除するといふ、確かにさういふ文言がありまして、その故に教育勅語が学校教育から排除されたかの如くに見えますけれども、あれは詔勅ではないのです。その証拠に、あの勅語には国務大臣の副署がありません。国民の履行義務が生ずる詔書ではなくて明治天皇個人の御著作であります。従ひまして国会にはこの文書を抹殺する権限はありません。個人の著作を教科書に印刷したり奉読したりすることを禁じるなどといふ、かういふ言論表現の自由の圧殺といふ暴挙は、これはナチス・ドイツでしか考へられなかつたことなのです。それと同じことを昭和二十三年の国会はやらされたのです。

この排除決議は、昭和二十七年四月二十八日の国家独立主権の回復によつて自然に解消してゐるのですが、自然に解消したからそれでは放つておけば教育物語が復活するかといふと、さうはゆかないのです。やはり国会で、あの決議は強制された決議だから間違ひでしたといふことを、一度、撤回決議をしていただかないと戻らない。それによつて教育勅語は完全に復権できます。

国民の集合的記憶としての靖國

次に、掲げた主題の第二項の説明に入らせていただきます。靖國の記憶といふ表現をしましたが、それは一体いかなるものを指すのか。それと同時にそれが再建すべき国民精神と一体どのやうなつながりを持つのかについて、ご説明すべきかと思ひます。靖國の記憶と呼んでしかるべきものは、それはまづ各個人の胸のうちにあると思ふのです。

少年時代に親しい友達と連れ立つて靖國神社の境内で遊んだといふ思ひ出。あるいはたわいない話かもしれませんけれども、去年のみたままつりで明るいぼんぼりの明りのもとで、盆踊りの列に加はつたとか、屋台を巡つて楽しかつたなどといふ記憶も、それとして数へてよろしいのです。

それもその通りでありますけれども、今日この勉強会で話題としたいのは、やはり各人の内面にかかはるそれなのです。言ひかへれば各人において内面化された靖國神社の記憶といふことになります。それには先づ当然ながら戦歿者の遺族の方、その方々は、今日もお姿をお見受けいたしましたけれども、昇殿参拝、あるいは例大祭《れいたいさい》での参拝を通じて、戦歿した父や兄や弟や息子や、あるいはもちろん女性の祭神も数多くをられるのでありますから、お姉さんとか妹さんの慰霊《いれい》の記憶もお持ちでありませう。それももちろん靖國の記憶のうちであります。

また身内に御祭神を持たない人々でありましても、やはり春秋の例大祭やみたままつりへの参拝、あるいは昭和六十二年に第一回が催されまして、以後連年欠かさずに行はれてをります、ご存じの方が多いと思ひます、八月十五日の戦歿者追悼中央国民集会、本年で第十九回になりますが、あの集会に参加したことを、靖國の思ひ出としてお持ちの方もをられると思ひます。

さらに忘れてならないのは、遊就館《ゆうしゅうかん》での諸々の展示品です。特に戦歿学徒の遺書の現物に接して、深い印象を心に刻んだ人々、さういふ人々の持つてをられる記憶の質、これが非常に重要なものであります。

こうした個人個人の記憶の集積が、これは一体どういふ枡《ます》で量《はか》ればいいのか、見当もつきませんけれども、積もつてみますと膨大な分量に達すると思ひます。それが、国民精神の支柱といふよりもむしろ極めて重要な内実をなしてゐる、さう言つてよろしいのではないかと思ひます。

そこで、これからやうやく今日の本論に入ることになります。今日の私の報告の中心部分であります。我々日本人は靖國神社についての集合的記憶と呼んでもよいやうな意識を共有してゐる。それは一体どのやうなものか。その集合的な記憶の量も、これも到底数値で表現できる性質のものではありませんけれども、その中の極めて多くの量を持つてゐる人もゐるでせうし、ごくわずかの分量しか分有してゐないといふ人もをられるだらうと思ひます。とにかくそこには共通の記憶を共有してゐるといふ関連を以て、それが人々の間を結びつける絆《きずな》の作用をしてゐる何かがあると思ひます。

そこで、国民の集合的記憶としての靖國といふ表現ですが、それが最も明白な形をとつてをりますのが、この神社の歴史、発祥の事情、そしてその沿革、百三十年あまりの歳月の間に神社が閲《けみ》してまゐりましたさまざまの物語についての知識であります。

靖國神社発祥の事情は、ご承知の通りでありますが、明治元年、正確には慶応四年でありますが、戊辰《ぼしん》戦争といふ官軍と幕府との間の戦争があつた。その戦での戦歿者のために官軍が陣中で行つた招魂《しょうこん》慰霊の祭祀に発してゐます。翌明治二年三月に明治天皇が再度の東京行幸をなされまして、これが結局東京遷都《せんと》、都の移転、といふことになりました。

そして新しい首都が東京であると決まると同時に、既に新政府は、前の年に行はれました戊辰戦争戦歿者招魂祭祀の儀式を恒久的に行ふ場所として、招魂社の場所の選定にかかつたのです。それが九段坂に決まり、ただちに当初質素な祠《ほこら》を建築いたしました。明治二年六月二十九日未明に英霊合祀《ごうし》の儀が行はれまして、ここにお社としての招魂社が誕生したわけです。この日が靖國神社の御創建記念日であります。

この創建の次第には、新政府が招魂社設立をかなり急いだらしい、つまり戦歿者の祭祀といふ行事を、はなはだ重要視した痕跡《こんせき》がうかがはれます。それはなぜか。答はかういふことでせう。つまり戊辰の戦争は一見新政府軍と幕府軍との間で覇権を争ふ内戦であるかのやうに見えます。しかし実はさし迫つてゐる外圧に対して急いで国内の統一を図る必要上生じた戦争でありました。大きく見て国難克服のための戦ひだつたのです。

新政府と幕府は、これは利害の対立によつて争つたのではないのです。国防方針について、意見の対立があつた。この対立をそのままに放つておいたら国が事実上分裂してしまふ。そこで、「已むを得ず国論の統一」を実力をもつて解決しようとしたといふことなのです。

一口に今徳川三百年の平和と申しますけれども、その当時日本は、元和元年の大坂夏の陣以来、正確に申しますと一六一五年から一八五〇年ぐらいまでの二百三十年あまりの期間なのですが、とにかくその長い年月、いはゆる天下太平の長閑《のどか》なくらしを楽しんできました。

その間、寛永十四年から十五年にかけての島原の乱を例外といたしまして、日本人は戦争といふものを体験してゐないのです。外国からの圧力による国難といつたものは、文永十一年と弘安四年、これはいずれも十三世紀後半でありますが、二度の元寇《げんこう》、すなわち蒙古襲来以来のことで、六百年ぶりで日本は黒船の来航、開国要求の砲艦外交といふ国難に遭遇したのです。

江戸時代の約二百六十年を通じまして日本人にとって、「国」とは藩のことでありました。国に忠義を尽くすというのは、藩主である大名に対してそのご恩に報いるために奉公の働きをなすといふ、さういふ意味だったのです。

ところが十八世紀の末に、ロシアの軍艦が北方領土の海域に頻々《ひんぴん》と出現するやうになつた。そのころから始まりまして、十九世紀の前半には、ロシアに加へてアメリカやイギリスの船も本土の水域に接近してきます。交易を要求し、寄港地の開放とか物資の供給を求めるやうになる、その流れが急速に強く、太くなります。

嘉永六年のペリーの黒船艦隊の浦賀来航、これがその決定打となつたと見てよろしいでせう。これはごく一般的な歴史の知識ですから、改めて申し上げることもないかと思ひますが。このときから現代の表現でいへば国家安全保障とか、国論統一といつた概念の中での国といふ観念が浮かび上がりました。その「国」はもはや藩ではなくて、日本といふ国家であるといふ、その現実に国民が直面することになつたのです。

靖國神社は明治十二年までは招魂社でありましたが、明治十二年に別格官幣《かんぺい》社といふ社格を頂戴いたしまして、名前も現在の靖國神社になるわけですが、そのときの御祭神の合祀基準が癸丑《きちゅう》以来の、この癸丑といふのは干支《えと》の「みづのとうし」で嘉永六年です。その年以降の国事殉難者とされてゐるのには、明白な根拠があります。つまり嘉永六年に生じましたのは、まさしく国難だつたのです。

直接敵と戦火を交へたわけではありませんけれども、国家の安全が脅かされたといふ点では、蒙古襲来以来の国家の危急であります。戊辰戦争はこの国難の延長上に生じたのです。したがひまして戊辰戦争とそれ以前の出来事のうち、それに準じる性格を持つてをります安政の大獄《たいごく》を含めました安政、万延、文久、元治といつた年代に生じた、当事者の犠牲を伴ふもろもろの事件、結局は国論統一のための事件だつたのですが、これらの事件における犠牲者もやはり同じやうに国事に殉じた殉難者として扱ふ。そして新政府の手による慰霊鎮魂の祀りを受けて当然である、かうした発想が生じたのです。

そこで、大変重要なことでありますけれども、日本国はこのときもはや武家大名の支配する多数の藩の集合体ではなくて、対外的には、つまり国際社会において、独立主権を保持し主張すべき統一中央集権国家として再編成された。そして新たな発足を遂げたと見るべきなのです。

さうである以上、国事殉難者のお祀《まつ》りには、国が責任を持つといふ、その思想が発生いたします。

この思想はおよそ人間の死後の霊魂の存在を信じて、その行方に関心を抱くといふタイプの宗教が存在する限り、キリスト教が実はさうなのですから、欧米キリスト教文明圏の諸国もまた共有してをります。これは明らかな世界宗教史上の事実であります。

しかし、当時の日本は安政の開国を強ひられたばかりの時で、アングロ・サクソン系の、つまりプロテスタント信仰の国々と精神文化の上での交流は、まだ始まつてゐませんでした。ですから、欧米文明圏の諸国が主導権を握る国際社会において、日本が一文明国としての存在を希求したといたしましても、別に欧米文明にならつて死者のための国家儀礼の発想を持つたわけではないのです。日本人は日本人独自の伝統に基づいて、国事殉難者のための国家の祭祀といふ国家儀礼を編み出したのです。

護る祖霊《それい》と祀る子孫

こうした英霊鎮魂の思想の、我が国独自の淵源《えんげん》とはどういふものであるか。言つてみれば靖國の思想の源とはどういふものか。

キリスト教文明圏に属する国々では、国事殉難者の鎮魂の論理は、創造主であるデウス＝ゴッドに対し、死者の霊の平安のために恩寵《おんちょう》をたれたまへと祈るといふ形に現れます。死者の霊の平安を保障してくれるのは、全能の主ゴッドなのです。さういふ思想であります。

それに対して我々日本人は、よく言はれることですが神道《しんとう》、儒教、仏教の三つの教へが一体化した宗教風土の中に生きてゐます。そこで我が日本の風土では、国事殉難者の霊の祭祀を民間信仰である祖霊崇拝の習俗に取り込んだ形で行ふことになります。その形はわかりやすく申しますと、共同体の持つ守護神崇拝、または守護霊信仰です。個人的な家の次元におきましては、この信仰は祀る子孫に対する護る祖霊との間の相互関係といふ形をとります。祀る子孫のあり方と申しますと、折しも明日がお彼岸の中日でありまして、私もお墓参りに行かうと思つてゐるのですが、あらためてご説明するまでもなく、皆様が実際に、現に行《おこな》つていらつしやるだらうと思ひます。要するに死者の記憶を大切にし、祈りを手向ける心に表れます。

それでは、護る祖霊の思想とはどういふものか。例へば臨終のお年寄りが、おまへたちの幸福を草場の陰から見守つてゐるからね——といふ、立派なお言葉を子孫に対して残される例があると聞いてをりますけれども、さういふふうに死んでゆく、老いたる者の言葉の中に現れてゐる子孫に向けての心の在り方です。自分は死んでも草場の陰から子孫を見守る存在になる。子孫の方では、いつまでも死者の記憶を保存するために、しつかりお祀りをしますといふ、さういふ関係ができてゐる。

このやうな護る祖霊と祀る子孫、この関連、もしくはさういふ観念といつてもいいのですが、いつごろから我が国に成立してゐるのか。これは宗教史の専門家に伺ひますと、古くは八幡《はちまん》信仰、あるいは天神信仰です。それぞれ武の神、あるいは学問の神、文の神としての守護神の性格を持つてゐることが明らかである。さう説明してくれます。特に南北朝から室町時代にかけての、いはゆる戦国乱世の時代に、この守護神信仰が武家社会の間に深く浸透してゆきます。そして徳川時代の平安の世になりましてからも、例へば徳川家康を東照宮として祀り、徳川家の子孫がこれを守護神として崇める。あるいは太閤豊臣秀吉は、ご承知の通り子孫の将来について不安を抱いたまま逝つた少々気の毒な存在でしたから、自らが新八幡として死後神に祀られたいと求めたのでありますけれども、結果としては朝廷からお許しが得られず、豊国大明神《とよくにだいみょうじん》といふ称号を許されたにとどまるといつた例などがあります。

　これは、祖先と子孫の間に成立いたします守護神のお社とそれへの崇敬者の関係の存在が大きかつただけに見やすい例であります。護り祀られる、祀り護られるという、この意識の根底に、人間の存在は祖先と子孫といふ縦に長い血統の絆に支へられて成り立つてゐるといふ、これは信仰の形をとつてをりますけれども、むしろ人間観、あるいは世界観といつてもよろしい、人間の世界といふのは、さうした縦のつながりを基本として成り立つてゐるものだといふ見方です。

　この武士の氏族における祭祀と守護の関係は、村落共同体の氏神と氏子の関係から類推いたしますと、庶民にとつてはわかりやすくなじみやすいものになります。従ひまして靖國信仰が形成される地盤は、既に近世の日本の庶民習俗の中に根付いてゐたといふことができるでせう。

また、鎌倉時代には蒙古襲来の国難に当りまして、日蓮上人が鎮護《ちんご》国家を標語とする国家仏教の性格を強く打ち出してゐたといふこともご存じでせう。

これに刺激されまして、当時の神社人たちもまた、神道と国家とを相互依存の関係に置いて神道の勢力の強化を図るといふ理論武装の動きを見せるやうになるのです。鎌倉時代の神道教義書の中で、最も有名なものは「倭姫命世記《やまとひめのみことのせいき》」といふものです。これは成立年代がはつきりしないものなのですが、とにかくそこには神明の加護によつて国家は安全を得る、国家の尊崇によつて神明はその霊威を増す、と、その相互依存の関係をはつきり書いてをります。つまり護る祖霊と祀る子孫といふ守護神関係とこれは明らかに照応するものであります。個々の家の血族関係の中での先祖と子孫、村落共同体における氏神と氏子、国事殉難者に向けての国家祭祀と護国の神となつた英霊、みな同じ構造を持つてゐるのです。

国民全体の意識の中に生きてゐた靖國の思想

かうして靖國の思想と呼びますものが、我が国の宗教思想史の上で見て、およそ鎌倉室町期にはその原形が成立してゐた、十分に古い、根の深いものであるといふことがおわかり頂けると思ひます。これが国民精神を成立せしめる国民意識の基礎概念となる、――あるいは基礎構造といつた方がいいでせうか――、基礎構造となるのです。

そして、本日のご報告の一応の結論として、ぜひ申し上げておきたいことなのですが、この思想は靖國神社が創建されて以降の現代の国難、対外戦争だけを拾つて考へてみましても、これは日清戦争、日露戦争、支那事変、そして狭い意味の大東亜戦争、狭い意味というのは昭和十六年以降のアメリカ、イギリス、オランダといふ連合国を相手としての未曾有の重大な国難において、といふ意味です。その連合国に対する戦争の経過で、極めて明瞭に国民全体の意識の中に生きてゐたといふことが見てとれます。

遊就館には皆さんも何度か足を運んでいらつしやると思ひますが、あそこに残つてをります大東亜戦争で散華《さんげ》されました勇士たちの遺書、なかんづく若き特攻隊として出撃しました青年学徒兵の遺書を読んでみませう。いや、遊就館にお出かけになるまでもありません、靖國神社で編纂《へんさん》されました「英霊の言《こと》の葉《は》」第一集から今は第八集まで出てをりますが、これをご覧になれば、そこに、勇敢に戦つて散華された勇士たちの思ひは夫々《それぞれ》にはつきりと読み取れるのです。中でも妻子を持つことなく独身のままで戦死された学徒兵の手記には或る特別の思ひが表れてをります。

それをかいつまんで申しますと、自分は靖國神社に祀られて神となつてこの国を護る。自分は子孫をなさずして死んでゆくから直接には自分を祀つてくれる子孫を持たないけれども、靖國に祀られるといふことは、国が血族の上での子孫に代つて祀つてくれるといふことだ。だから自分は祀つてくれる国に対して、いはゆる護国の鬼となつて、この国を護るのだといふ、その思想が実に明瞭に表れてゐるのであります。これは具体例を挙げてゆくときりがありませんから、皆様に「英霊の言の葉」をひもといてくださいと申し上げるだけにしておきます。

一つだけ挙げておきますと、「死するともなほ死するとも我が魂《たま》よ　永久《とわ》にとどまり御国護らせ」といふ和歌があります。自分の魂に向かつて、おまへは護国の鬼となつて国を護るのだよと言ひ聞かせてゐる絶唱なのです。

そして、その靖國神社に対する国の祀りの中の極めて重要な一つの要素として、天皇陛下の御親拝といふことがあります。昭和十五年に奉頌歌「靖國神社の歌」がつくられました。これは靖國神社さんがお作りになつたＣＤの中に入つてゐますので、ご存じの方も多いと思ふのですが、「ああ大君のぬかづき給ふ　栄光の宮　靖國神社」といふその歌詞に、天皇陛下が靖國神社に御親拝になることの重要さが、いはば英霊がお持ちになる期待といつた心持ではつきり表れております。

最後に一つ、英霊顕彰《けんしょう》勉強会の発想、企画、実践、誠に結構でありますが、一寸私の氣になることを申し上げておきます。

それは、この慰霊といふ文字の使ひ方についてです。もちろんこの使ひ方に間違ひがあるとは申しませんけれども、それをお受け取りになる皆さんは少々お気をつけていただきたいことがあるのです。

つまり、明治二年から十二年の靖國神社としての社格決定までに、東海道総督府であるとか太政官府であるとか、あるいは新政府の審議官等から種々の「達《たつし》」、といふ文書が発行されてをります。その最初期の太政官布告のうちには、確かに「その忠魂を慰められたく」といふ表現が出てまゐりますけれども、それ以降はほとんどの場合、祭祀といふ表現だけを用ゐてをります。もし慰霊といふ言葉に当たります感情表現をさがさうといたしますと、大体追慕参拝といふ表現になります。これは考へてみるに値する関連なのです。確かに最初の太政官府には戦歿兵士の忠魂を慰めるために、社に祀るといふ、さういふ発想があつたのだらうと思ひます。

しかし、一旦祀られますと、霊たちはみな神になります。神に対しては氏神に対して氏子と呼ばれる崇敬者《すうけい》の立場と同じことで、だれしもが、祀り、恐れ、畏《かしこ》むといふことしかできないのです。慰めるといつた、いはば上から下へ向けての感情的関係を結ぶことはできないのです。

つまり、御祭神として祀られてゐる英霊たちは、我々現世に生きてゐる人間にとつて、斎《いつ》き、拝《おが》み、祈るといふ対象でありまして、それ以下のものではあり得ないのです。そしてこの斎き、拝み、祈る心は、漢字語で言ひますと、畏怖《いふ》とか畏敬《いけい》といふ言葉になります。

実は、これこそが、およそ宗教心の原形ともいふべき、人間を超える存在への認識なのです。その認識の欠落してしまつたこと、簡単に言へば畏れを知らぬ人間になつてしまつた、人間としての傲慢といふ罪に満ちてゐるといふことが、今日の日本人の不幸の大きな原因なのであります。

目に見えぬものの存在への畏れと慎しみを欠いた思ひ上がりの心情によつて動く現代人。そこにかつて戦争中まで、確かに我々が持つてゐたと思ひます国民精神の復権を期待することはできないのです。それならばどうすればよいか。それを申し上げないと、報告を終ることができません。

手だてはいくつかございますけれども、疑ひもなくその有効な一つは、我々の国民の集合的記憶としての靖國の記憶を再生させることです。そして皆がそれを改めて個々の胸のうちに抱く。この目に見えぬ高いところから我々を見守つてゐる存在への畏れと慎しみの感情を回復することが、今日の勉強会の主題となります。

（高森明勅編著『日本人なら知っておきたい靖國問題』青林堂　平成19年）

2

近代史の苦難の象徴　靖國神社

――「靖國問題」の理解と克服のために

一

靖國神社への内閣総理大臣の参拝をめぐつて、これに賛成し、実現を要望する大きな意見広告が新聞に出たり、逆に反対の立場から、中止や自粛を求める識者の談話がマスコミに報道されたりする、こんな風潮は昨今漸《ようや》く沈静化に向かつたやうですが、神社に祀られてゐる英霊の極く一部について、その合祀取り下げを要求する訴訟がいくつかの都市で提起されたり、と、こんな報道が度々マスコミを賑はせてゐるのに接しますと、靖國神社は昔から、この様な政治的思想的な対立陣営の争ひの場としての歴史を閲《けみ》してきた不思議な神社であるとの印象を持たれる向《むき》が多いかもしれません。然《しか》し、決してさういふわけではないのです。昔から、と申しましても、このやうに国内で同じ日本人同士が各自の奉ずる政治的意見や思想の上で争ふのですから、それは昭和二十七年四月二十八日の対連合国平和条約の効力発生に伴ふ日本国の独立国家主権の回復、そして占領軍による言論・報道の自由の拘束から日本国民が解放されて以降の事、といふ前提は当然おかれてあります。それでも、過ぎた大戦争の痛みの記憶が現実に多く残つてゐた、平和条約成立と独立回復直後の時期には、靖國神社をめぐる意見の対立や争ひといふ現象は、少なくとも世間の話題となるやうな形では生じてゐませんでした。

靖國神社が国内で政界・言論界を挙げての熱い論争の種となり、それぱかりでなく、つい御隣の中華人民共和国の共産党独裁政府が我が国に向けて厚顔な内政干渉を仕掛けてくる動因をもなしてゐる、いはゆる「靖國問題」が発生したのは何時からの事であつたか。この問には実は簡単に答が出せるのであります。即ちそれは、昭和六十年の夏に胚胎《はいたい》し、昭和六十一年の夏に、望まれることなくして生み出された鬼子であり、むしろ潜伏してゐた体内の病因が急激に活動を始めて国民の心を蝕む醜悪な病氣として発症した、と、かう見る事ができるのです。

ではその昭和六十年と翌六十一年の夏にいつたい何事が起つたのでせうか。もちろんこの事も、まつたくの突発事件といふわけではなく、それ相応の前史があるのですが、それはやがて検討することとして、今は手始めにこの両年に判然と世人の眼に見える形で生じた現象としての靖國問題の発端を振返つて見ておきませう。

昭和六十年八月九日の日付で、「閣僚の靖國神社参拝に関する懇談会」といふ長い名前の臨時組織が、林敬三座長以下十五人の成員連名の名義で、この会の「報告書」を時の内閣に提出してをります。誰の依頼で如何なる機関に向けて如何なる問題についての「報告書」であるのかは、この文書の短い緒言に明記されてをりますので、先《ま》ずその緒言全文を引用してみませう。

〈我々は、昨年八月三日、内閣官房長官から内閣総理大臣その他の国務大臣の靖国神社参拝の在り方をめぐる問題について意見を述べるよう要請を受け、今日まで検討を続けてきたが、別添のとおり意見を取りまとめたので、報告する〉

といふもので、即ちこの懇談会に審議（と言つてもその名の通り「懇談」といふ形の緩やかな意見交換の会として設置されたものと想像されますが）を依頼したのは、当時の中曽根康弘氏を総理とする内閣の官房長官藤波孝生氏であり、論題は右に引いた緒言に述べられてゐる通りの事項で、報告の宛先はすなわち内閣官房であつたことが分ります。

内閣官房長官の依頼といふのが又如何なる動機に出たものであつたかは、問題の前史に属しますからやがてふれるとしまして、この報告書の結論は一口では要約しにくい、謂《い》はば歯切れの悪いものでした。懇談会の成員相互間に意見の対立があり、全員の意見の一致としての統一見解は出せなかつたからです。然し一応は、内閣総理大臣の靖國神社公式参拝（といふのは靖國神社のみならず多くの神宮神社が慣例的に想定してゐる、昇殿や神殿前への参進を伴ひ且つ神道の作法礼式に則つての「正式参拝」の意味ではなく、内閣閣僚がその公人としての公的地位・資格を明らかにした上での、昇殿か社頭《しゃとう》でかを問はぬ参拝のことなのですが）は憲法解釈の上で是認できる、つまり合憲である、としたものです。

故江藤淳さんは平成十一年七月、実にお気の毒な事情から、惜しくも自死といふ形で早くに世を去つてしまはれましたが、この懇談会十五人の成員の中では、靖國神社の在るべき位置と姿とを、法理と道理の上で最も正しく理解し代弁し得た少数の識者の一人でありました。その江藤さんが、一年間に二十一回開かれた当懇談会の審議の空気に深い失望と怒りを抱かれ、一時は委員を辞任するといふ内意を内閣審議室に表明されたのですが、とにかく公式参拝是認の方向で結論をまとめることはできさうなのだから、との切なる慰留を受け、報告書の署名者十五人の中に名を連ねてをられる、この内情に、懇談会報告書の性格がよく表れてゐました。

つまり、この場合の江藤さんを代表とする、私共靖國神社崇敬者一統から見れば、まるで米占領軍の残置《ざんち》諜報《ちょうほう》工作員が潜入して審議に加はつてゐたとしか思はれない様な無知と謬見《びゅうけん》の入り交つた反対意見を併記した上で、政府はこれらの異論に留意しつつ、〈閣僚の靖国神社公式参拝について適切な処置を取られたい〉と結んでゐるのですから、これはまあ「是認」の結論を答申したと見てよいものでせう。

さういふわけですから、六十年八月九日付のこの答申を受けた藤波官房長官は、五日後の八月十四日付で談話を公表し、翌八月十五日の「戦歿者《せんぼつしゃ》を追悼し平和を祈念する日」、それも終戦の詔勅を奉戴した昭和二十年からかぞへて四十年目といふ節目に当つてゐるその日には、〈内閣総理大臣は靖國神社に内閣総理大臣としての資格で参拝を行う〉と明言しました。更に、この問題についての〈従来の政府統一見解として〉、昭和五十五年十一月十七日付で、閣僚の公式参拝は〈違憲ではないかとの疑いをなお否定できないので、事柄の性質上慎重な立場をとり、差し控えることを一貫した方針としてきた〉けれども、この度、「閣僚の靖國神社参拝問題に関する懇談会」の報告書を参考にして検討し直した結果、公式参拝は是認できると判断した、とも述べてゐます。これは五年前の政府統一見解と比べますと、〈違憲の疑ひがあるから差し控へる〉から〈合憲として是認できるから実施する〉といふ方針に変つたのですから、政府の態度としてはかなり顕著な変化であつたと言へませう。実際、この談話はこの節の結論として〈したがつて、今回の〈翌八月十五日実施予定のものを指して言つてゐるのですが〉公式参拝の実施は、その限りにおいて、従来の政府統一見解を変更するものである〉と、正直に、又潔く明言するところまで行つてゐたのです。

この政府統一見解の変更といふことは、政府の政治行動としてはかなり意味の重いことですから、政府は十五日当日の公式参拝実施の五日後である八月二十日付で、その日の総理及び閣僚の公式参拝は、中曽根康弘氏が内閣総理大臣として、その他の閣僚もその肩書通りの資格を以て戦歿者追悼の目的で行つたものであり、このことは昭和五十五年十一月十七日付の政府統一見解を変更した結果である、といふ趣旨を、更なる政府見解公表の形で再確認いたしました。

この昭和六十年八月二十日付政府の統一見解更新声明を以て、国内の政治問題もしくは政教関係問題としての靖國問題は法理の上では最終的解決に到達したことになります。政教関係問題としてのそれは、内閣総理大臣が公人としての資格を以て靖國神社に参拝するのは憲法第二〇条3項〈国及びその機関は、宗教教育その他いかなる宗数的活動もしてはならない〉との禁令に違反するものではないか、との言ひがかりを中心としたものでした。内閣総理大臣は如何にも国家機関の中心に位置する部分であり、且つ彼が靖國神社に参拝して戦歿者の霊に鎮魂の祈りを捧げることは政治家の宗教活動と見れば見られないこともない、との連関は明らかに存するからです。

然し、政府がこの公式参拝は憲法に違反するものではないとの統一見解を出した事は、違憲の疑ひありとの反靖國派の宗数団体や政党や左翼法曹家達の提起する疑念に対して、判然たる公式回答が出た形でありました。

内閣総理大臣の靖國神社公式参拝といふ事項だけに関連を絞つて考へれば、この公式回答は別に感慨を催す様な展開でも何でもありません。米軍による日本占領が未だ完全に解けてゐなかつた昭和二十六年十月十八日の例大祭に於ける吉田首相の（たぶん平和条約調印の実現を英霊達に御報告する意味合ひがあつたと思はれる）参拝を手はじめとして、平和条約発効・国家主権回復の成つた二十七年春以降、吉田首相四回、岸首相二回、池田首相五回、佐藤首相十一回、田中首相五回、と夫々が皆内閣総理大臣といふ公人の肩書きで記帳して「公式参拝」をしてゐたからです。首相の公式参拝は元来何らの珍しい事件ではありません。むしろ靖國神社例大祭に於ける恒例の貴賓の参拝として定着してゐたものでした。

ところが、昭和五十年八月十五日に、三木武夫首相が春の例大祭に次いで二度目の靖國神社参拝を行つた時、総理大臣としては初めて八月十五日といふ終戦詔書奉戴記念日を選んで出かけられた点は、大変よかつたのですが、この参拝に際し、新聞記者の質問に答へて、これは公人ではない私人としての参拝である、と甚だつまらぬことを口にしました。氏の肚の裡で公人と私人との使ひ分けにどの様な論拠が存したのか忖度《そんたく》の為様もありませんが、とにかくこれが以後歴代の総理大臣にとつての躓《つまず》きの石の役割を果すことになります。以後福田首相、大平首相が三木氏の例に倣つて私的参拝であると称し、次の鈴木善幸首相は公私の別を口にしませんでしたが、三木氏以外は皆神社での記帳に際しては内閣総理大臣の肩書を付けて署名をされた由です。中曽根氏の在任中昭和五十八年四月から六十年八月までの三年間で十回の多きに亙る公式参拝は、田中角栄氏まで至つて順調に続き、慣例化してゐた総理公式参拝が名実共に復活したまでの事、と見ればよいのです。

二

扨《さて》、政府統一見解による是認を受けての中曽根氏の公式参拝標榜により、国内問題としての靖國問題は漸く解決できたか、と人々が愁眉を開いたのも束の間、靖國問題はここで洵《まこと》に意外な暗転を遂げる事になります。即ち北京の中国共産党政府による傲岸極まる内政干渉の開始であります。

如何なる動機が中共政府をこの様な行為に駆り立てたのか、彼等の内部にいつたい何が起つたのか、それは後の第三節で検討することとして、取り敢へず、爾来今日に迄続く中共の内政干渉が我が国に及ぼした醜悪な影響の現象面だけを、こみ上げる不快を抑へながら辿り返して検証してみませう。

中国は昭和五十三年の日中平和友好条約調印を以て両国間の国交が回復された当初は（それは当然のことですが）靖國問題についてのあからさまな意思表明をしてをりません。然し内閣閣僚の靖國神社公式参拝を憲法解釈を踏まへた上で是認するといふ政府見解が公表されたことは、占領時代の置土産である東京裁判史観を克服しようといふ国内の思想界の動きと内面的に深く繋《つなが》るものであるとの認識は、彼等の情報網を通じて十分に有してゐたでせう。六十年八月十五日の中曽根首相の公式参拝には直ちに反応し、不快感の表明に及んだのですが、その論拠は、国内問題としては解決済であることを、さすがに看て取つてをりますから、そこを衝くわけにはゆきません。そこで〈首相の靖國公式参拝は神社に祀られてゐる戦争犯罪人の復権を意味する〉といふ言ひがかりを持ち出しました。

この様な言ひがかりに対しては、日本側には既に十分な回答が事実として用意できてゐました。即ちいはゆる「戦犯」の復権は、昭和二十七年四月三十日、即ち日本国の主権回復が実現したその翌々日といふ早さで「戦没者遺族等援護法」を公布して、その準備に入つた姿勢を見せ、翌二十八年八月には国会の全員一致の決議を以て、いはゆる戦争犯罪人は日本の国内法に照らしての犯罪人ではなく、前科者ではない、従つて刑期満了乃至服役中の生存者には軍人恩給が、刑死者の遺族には規定に従つて遺族年金が支給される、といふ決定が下されてゐたからです。従ひまして、「戦犯」といふ詞を用ゐての中国政府の抗議に対しては、政府は左様な名を以て呼ばれる経歴の持主は現在日本には存在してゐない、靖國神社に祀られてゐる御祭神の生前の経歴如何は全く日本の国内問題であり、中国政府の関知すべきことではないと、さう答へてその抗議をはねつけておくべきだつたのです。

ところが、これは今でもなほ驚くべきこと、恥づべきこと、といふ記憶が消えてゐないのですが、この時日本政府内の有力な閣僚や長老格の政治家達のかなりの者が、中共政府のこの理不尽な抗議にいとも簡単に屈服してしまひました。

この中共に〈屈服した政治家〉達の代表的な三人の名を、私はこれ迄に何度も実名を挙げて、その誤りを糺《ただ》してをります。これは誹謗でも中傷でもなく、本人が自ら屈服を表明してゐることの誤りを指摘したまでなのですから、あれ以来三十年に近い歳月を経てしまつた今日でも、これが何度目であらうと憚《はばか》りなく、その名を挙げてその罪を明記しておきます。

肩書はいづれも当時のもので、発言順に言へば、金丸信自民党幹事長、二階堂進自民党副総裁、桜内義雄外務大臣の諸氏であります。

この人達は、ほんたうに、昭和二十八年の国会での全員一致の決議といふ我が議会史上での重要事蹟を知らなかつたのか、その時記憶から喪失してゐたのか、それとも或いは、中共政府の理不尽な苦情に迎合しておく方が自分の政治家としての地位を保つ上で得であるとの利害打算に立つて知らなかつたふりをしたのか、そのいづれであるにせよ、以後長々と続き、今なほ絶えない、中共の内政干渉を唯々諾々として受け入れる癖の端緒を作つてしまつたことの罪は実に深いのです。

怠慢で無恥な政治家達ばかりではありません。この時、読売新聞といふ多数の読者を有する新聞がその社説に「戦犯の靖國神社合祀というのは再考できないか」との論旨を掲げ、それに又多数の読者からの賛成の投書が掲載されたといふ事実には、実に驚きを禁じ得ませんでした。占領後遺症の病毒が、ここまで深く浸潤し、病症を拡大し悪化させてしまつてゐたのかといふことへの驚きでした。

思ひがけぬ日中間の外交紛争の渦中の人となつた中曽根康弘氏当人の進退はどういふものになつたのでせうか。

これは多くの方の記憶にあることでせうから改めて言ふまでもないことですが、中曽根氏の振舞は怯懦《きょうだ》の一語を以て評するより他のないものでした。つまり中共の謂《いわ》れなき内政干渉によつて日本の朝野に時ならぬ動揺が生じ、紛糾状態が広がつてゐる時に、国政の指導者たる内閣総理大臣がどの様にこれに対処し、混乱を収拾するかといふところに当然国民の注目と期待がかけられます。そして中曽根氏はこの期待を無残に裏切つたのです。

中共政府からの抗議を受けたのが六十年の八月から九月にかけてのことで、そこでその年の十月の靖國神社の秋の例大祭に中曽根氏は首相就任以来五十八年、五十九年と続けて参拝してゐた前例に背いて参拝しませんでしたし、翌六十一年春の例大祭には是亦《これまた》五十八年から六十年まで三回に亙つてゐた公式参拝を欠礼してしまひました。この人が六十年八月の中共の抗議によつて如何に畏縮してしまつたか、当人は公務多忙、他に日程あり、といつた遁口上《にげこうじょう》を構へてはゐましたが、その臆病な心事は誰の眼にも明らかでした。

問題は翌六十一年の八月十五日に、氏が公式参拝をされるかどうか、といふことで、国民の期待は一にかかつてそこにあつたのですが、氏はこれもあつさりと期待を裏切りました。しかもこの時、内閣官房長官は前年の藤波孝生氏から後藤田正晴氏に替つてゐたのですが、その後藤田官房長官が八月十四日付で談話を公表し、昨年の政府統一見解には何らの変更もない、即ち総理の公式参拝が憲法に照らして是認されてゐるといふ解釈は依然として維持されてゐるが、本年は（翌日の八月十五日を指して言つてゐるのですが）昨年の総理の参拝が近隣諸国の国民の問に批判を生んだところから、〈国際関係を重視し、近隣諸国の国民感情にも適切に配慮しなければならない〉ことを判断した上で、公式参拝は差し控へることにした、と恬然《てんぜん》として言明したのです。これも要するに中共の内政干渉への屈服の公言に他なりません。

かうして中共の内政干渉に対する日本の屈服が国際社会の眼に明らかに晒《さら》されてしまつた事は、或る意味で日本の第二の敗戦でした。そしてこれ以後、やがて元号が昭和から平成へと代替りして、内閣総理大臣も、竹下、宇野、海部、宮沢、細川、羽田、村山、橋本、小渕、森、小泉、と平成十三年までの約十五年に十一人の首相登場といふ短期内閣が生まれてはつぶれたのですが、この間小泉首相の登場まで、日本国内閣総理大臣は、橋本龍太郎氏が自分の誕生日を卜《ぼく》しての記念参拝といふ少々妙な意味づけの参拝を果した他は、他の誰もが、一度として靖國神社への公式参拝（公人としての資格を以ての）を果すことができませんでした。つまり昭和六十一年八月に内外の眼に明白となつた、外交問題としての靖國問題に於ける日本の完敗は、以後十五年に亙つての、日本の対中国屈従状態の出発点となつてしまつたのです。

二

靖國神社が我が国の政界・言論界にとつての頭痛の種とも言ふべき内政・外交問題の一つの焦点となつてしまつた、その経緯を分析してみれば、中共政府内部の政治的必要から生じた対日内政干渉に歴代の我が国の政権中枢が屈服し続けてゐた、といふ事に尽きます。只、その病状は、遡つて考へれば、結局米軍の日本占領政策によつて仕組まれた毒菌の発症に譬《たと》へられるのです。

昭和二十年九月二日の停戦協定調印により、日本国は米国軍を主体とする連合軍の保障占領を容認せざるを得ないことになり、かくて以後六年八箇月にわたり、戦争の延長としての旧敵国軍の軍事占領下に置かれます。つまり日本国は、政府はもちろん天皇よりも上位の国家統治権限を有すると規定された連合軍最高司令官の支配下に入ることになつたのです。その最高司令官、機関としては最高司令部（ＧＨＱ）と呼ばれてゐましたが、その被占領下日本の最高権力者が靖國神社全体を焼却してしまふといふ意図を有してゐるとの情報に接して神社関係者は驚愕したのですが、何分完全に抵抗力を奪はれ、相手のなすがままを甘受する他ないといふ無力状態に追ひ込まれた日本国民は、この暴挙に対して如何なる阻止手段をも待ち得ませんでした。

而《しこう》して、この事は靖國神社の戦後史の最重要の一項目として今では知る人も多いと思はれますが、靖國神社が米軍の手によつて灰塵に帰するといふ残酷な運命から救はれたのは、イエズス会の神父で駐日ローマ法王庁代表・ヴァチカン公国公使代理の資格を以て昭和九年以来東京（上智大学構内）に住んで居られたブルーノ・ビッテルといふ、生れから言へばドイツ人の一聖職者のおかげでした。神父は、靖國神社焼却処分について総司令部当局から参考意見を徴された時、そんな暴挙は文明の作法を蹂躙《じゅうりん》する野蛮な所業であり、永遠に歴史から消すことのできない米国軍隊の恥辱として後世に言ひ伝へられるであらう、とて厳しくマッカーサー最高司令官を諫めたのです。ビッテル神父の、正に文明の条理を尽くしての進言により、靖國神社も救はれ、保障占領業務を遂行してゐた米国軍も、この事については、永久に歴史に残るであらう野蛮行為の汚名を被ることから免れました。

もしこの時、ビッテル神父の見識が顕れることなく、靖國神社が焼却される様な事態が生じてゐたら、その後の日米関係は恐らく決定的な憎悪と敵視の空氣の中に置かれ、仮令《たとひ》平和条約の締結はあつても、その後の日米軍事同盟といふ様な安全保障体制は成立し得なかつたのではないかと思はれます。

それにしても、米国軍は何故それほどに、欧米世界の無名戦士の墓の存在から類推して理解できさうに思はれる、英霊の鎮魂のための祈りの場である靖國神社に対して強い敵意を燃やしてゐたのでせうか。

彼等の敵意が醸成された条件はさう簡単なものではなく、複数の要因が考へられはするのですが、その中の最大なる因子は、日本の軍隊の強さに対する恐れと怒りと憎しみとであります。殊に、彼等の恐れた日本軍の強さと戦闘意欲の激しさの根元に、靖國神社に象徴されてゐる日本軍将士の殉国の精神なるものがある、と見てゐたからであります。

大東亜戦争の開戦前夜、アメリカ人は日本といふ国の軍事力、或いはもう少し具体的に言つて、戦争開始後の継戦能力をどの様に評価してゐたのでせうか。

それは明らかに、軽視しきつてゐたといふのが現実でした。米国の対日戦略策定は、日露戦争に於ける、世界中が奇蹟として瞠目した、強大国ロシアに対する日本軍の陸・海、双方に於ける紛う方なき大勝利を目撃したところから始まります。殊に難攻不落の評の高かつた旅順要塞を、明治三十七年八月半ばから翌年の元日までの正味四箇月と十日ほどの短時日の攻城戦で陥落せしめた陸軍の精強、そして三十八年五月二十七日の世界に名高い日本海海戦での史上空前の完全勝利で見せた海軍力、この二つの軍事的成功は日露戦争そのものの帰趨《きすう》に劣らぬ戦史上の奇蹟と称するに値する事例ではありました。然し米国にせよ英国にせよ、アングロサクソン民族といふのはこの衝撃的経験によつて怯《ひる》んでしまふ様な懦弱《だじゃく》な連中ではありません。彼等は、殊にアメリカ人は、西方に向つて市場と生活圏とを拡大してゆくといふ、かの「明白なる天命」、マニフェスト・ディスティニーなる標語に象徴される国家戦略観に骨の髄まで捉はれてゐたのですから、支那大陸を目指しての国勢拡大の途上に、障壁として横たはる日本列島に対しては、いづれ何時かはこれと戦つて除去しなくてはならぬ障礙《しょうがい》としか考へません。

そこで、既に日露戦争の終了直後から、アメリカ人は「オレンジ・プラン」との色付けで特定化しての、日本征服のための国家戦略の策定に着手します。要するに、将来何時かは、障壁をなす日本を叩き潰して、その廃墟を足掛かりとして直接支那大陸への進出の径路を確立しようとの戦略です。その「叩き潰して」には、元来一つの古い歴史ある国家とその国土に住む何千万の住民の運命をその様に軽々しく考へてよいのか、との疑問が当然に生じるはずですが、そこに彼等の白人種の絶対的優位を前提としての抜き難い人種差別思想が発動して、それでよいのだ、との答が出ます。この回答は、大東亜戦争の開戦以後、彼等が随所でその再確認を実践して見せることになります。

「将来何時か」といふ予見の見当は、思へば意外なほどに早々とその時機が到来するわけで、日露戦争の終結から大東亜戦争の開戦までが四十年です。二つの大戦争を、現在の時点からの歴史的遠近法によつて測つてみる時、その戦間期がわづか四十年であつたといふ事実に私共は改めて驚きを禁じ得ません。

言ひ換へれば、アメリカ合衆国の日本攻略計画は、策定開始後、そんなにも迅速に進捗《しんちょく》し、そして予定通りの実現を見たのであります。

アメリカが待ち望んでゐた戦略目的の達成は、もちろん偶然の到来でもなければ、支那風に言つての天意の然らしむるところの恩恵でもありません。彼等の強固な意志の発動による、綿密な計画性と実行力とが然らしめる当然の収穫なのです。

四

日露戦争の後、アメリカは日露間の講和会議仲介の労を取り、講和条約の成立に仲介役として貢献した恩義を背景として、日本が辛うじての戦勝の結果、何とか確保し得た満洲地方に於ける日本の利権の分け前を手に入れようと画策します。然し、日露戦争の終結に際して如何に米国の仲介に恩義を負はうと、日本はともかくも戦勝国です。自力を以て獲得した富は即ち自らがこれを享受する権利を有する、といふのが、他ならぬ米英といふ日本の支援国自身が日本に（安政の開国以来）教へ授けてくれた欧米流の国家戦略上の基本原則です。日本は伝授されたこの原則を忠実に守つて、いかなる国際交渉に於いても常に国際法に則る形で戦後処理の方策を進めて行きました。そこで、支那大陸に於ける国利国益の守成といふ点で日本と共通の利害関係を有する英国の対日友好感情はともかくとして、米国の方は、日本の合法的な勢力伸張に対し、邪魔物が次第に大きく成長してゆくことへの焦立ちと憤懣を抑へることができないといふ状況に立ち到つてゆきます。

殊に、日露戦争終結からわづか九年後の一九一四年に勃発した第一次欧洲大戦は、日本には殆ど利害関係の無い、地球の裏側での戦乱だつたのですが、日英同盟の義理に駆られて参戦し、連合国側に立つて出兵した日本は戦勝国の一員となります。そして連合国がドイツとの講和条約を議するためのヴェルサイユ講和会議に出席し欧米白人諸国の人種差別思想と帝国主義政策とに悩み苦しむ有色人種諸国の切なる願を代弁する形で、人種差別撤廃条約の締結を提案するのですが、その思想が自国の国情と深刻に撞着する米英両国及び此に追随するカナダ、オーストラリア等白人列強の強い反対に遭ひ、票決では十一対五といふ多数の賛成を得るのですが、議長のアメリカ大統領ウィルソンの、かかる重要議案の決議には全会一致の賛成が必要であるとの突然のルール変更（欧米諸国がよく使ふ狡猾な手口ですが）に妨げられて目的を達しませんでした。そこで、これも日露戦争直後からアメリカ合衆国内部で猖獗《しょうけつ》し始めた日本人移民の排斥、人種差別感情に発する迫害といふ国家国民の名誉にかかはる問題に於いて日本は解決の望みを絶たれ、日米間には感情的対立の溝が深まります。言ふまでもなく、この問題はアメリカによる国際社会での日本人排斥とつながつてゐる挑発行為であり、日本敵視の政略の露骨な反映です。

然しヴェルサイユ会議の結果として、日本が今や国際社会に於ける五大強国（米・英・仏・伊と並んで）の一であるといふ現実は諸国の眼に明らかとなりました。これが又アメリカにとつては焦慮と猜忌《さいき》のたねとなります。

強国といふのは即ち軍事力に勝れた国の事で、軍事力の強さとは戦争によつてそれを証示する機会の来ないうちは、つまりは兵力量で計測されます。アメリカはそこで仮想敵国たる日本の兵力量を削減し、自分にとつての軍事的脅威を減殺するために、平和的国際協調主義の美名を掲げての軍縮会議の開催とそれを通じての軍縮条約の締結といふ策略を立案します。

その策略の実現の第一歩が大正十年（一九二一年）から翌十一年にかけてのワシントン

海軍軍縮会議であり、その結果成立したワシントン条約です。今は紙幅の都合上、詳しい説明は省略に従ひますが、米国はこの会議に於いて彼等にとつて戦略上甚だ不利と映つてゐた日英二国同盟を、より広汎な国際協調を口実として解消させることに成功し、又日本海海戦の成果を見て日本海軍の実力にひそかな恐れを抱いたが故に、五大国の主力艦保有率を英米両国には有利に、日本には不利に設定してその承認を強請しました。

これが米国による日本押へ込み戦略の前哨戦である事は十分見抜き得る話なのですが、国際協調による平和の確保といふ偽善的な美名に背いて日本が独自の路線を歩むことは、やはり外交上の不利を招きます。それに現実の経済問題として、もし米英二大強国を相手に、いはゆる建艦競争に乗り出した場合、日本の貧弱な国家財政がこの競争に堪へられるはずがなく、無理に強行すれば、それは即ち国民の過剰な負担から生ずる民力の疲弊により、結局戦争での敗北と同じ結果をもたらすでせう。日本政府も国民も冷静な思案の上、この条約を承認いたします。一つには主力艦の保有率の劣性は補助艦の充実、殊に佐久間艇長の殉職事件（明治四十三年）で注目される様になつた潜水艦の運用を以て主力艦の劣勢を補はうとの発想に期待をかける向もあつたからです。

ところがアメリカの対日押へ込み戦略は、昭和五年のロンドン軍縮会議への呼びかけを以て第二波の攻勢に入ります。これは日本がワシントン体制に順応しつつ国防の万全を期すといふ発想の頼みの綱としてゐた、補助艦の保有率の点でも日本に又新たな足枷をはめようとする策略の実践です。会議の開催地はロンドンでしたが、この策謀の発源地はやはり米国務省であり、英国はアングロサクソン同胞国としてアメリカに協力させられてゐた形です。そしてこの度も亦、前年一九二九年の世界恐慌の余波をもかぶつての昭和恐慌の大不況が、軍縮の要請を国の内部からも強く発信してゐたのです。ロンドン条約は、いはゆる統帥権干犯といふ虚妄の国政論争を惹起《じやつき》し、一暴漢による浜口雄幸首相襲撃事件、重傷、そして死去といふ犠牲を伴ひながらも、ともかくも締結され、批准されたのです。

翌昭和六年に日本陸軍の精鋭が揃つてゐた関東軍は、満洲の治安の最終的安定とその地の日本国の権益の確保を目指して、満洲事変といふ形での武力発動にふみ切り、翌年満洲国の建国を以て所期の目的を達成しました。この事は、米国から見れば多年の国家戦略目標である支那大陸に向けての自国の利益線の伸長が益々困難になつたことを意味します。そしてその原因が日本の大陸政策とその成功にあると見た以上、米国が日本を障礙と看做し、この邪魔者を排除する、現実に即して言へば、日本を無力化し、米国の国策の妨害者たるの力を奪ふといふ事が、感情的のみならず、現実の必要から生ずる政治的目標となります。そしてこの目標に視線を固着し、それ以外の状況に目を配る余裕を持たなかつたが故に、米国は支那大陸の奥に蠢《うごめ》いてゐる更に大きな禍因、国際共産主義、具体的には中国共産党の世界制覇の野望といふ世界史的な危険を見落してしまふのです。

昭和八年の塘沽《タンクー》停戦協定成立によつて満洲事変は要するに解決し、満洲国は日本の庇護と支援下に順調な建国事業に入り、この事実を認めた中華民国は一九一一年の建国以来初めて、日本国との間に安定した宥和《ゆうわ》的な関係を築くことができたのですが、この安定を坐視してゐるわけにゆかなかつたのが中国共産党です。昭和十二年の七月、北京市外盧溝橋に発生した日中軍事衝突は、今では中国共産党の中の尖鋭分子が仕掛けた戦争挑発の謀略に、中国国民党と日本国との双方が乗せられてしまつたのだとの原因分析が最も説得力があり、ほぼ定説となつてゐますが、その当時はなかなか真相がつかめませんでした。

満洲事変を漸く収拾し得てから未だ幾許《いくばく》も経てゐない日本に、新たな戦争を受けて立つ、況《ま》してや自分からそこに飛び込んでゆくほどの国力の余裕もなく意欲もなかつたのですが、ただ残念な事に当時の日本国内は国家戦略に関して各種各様の思はくが交錯し、国家としての意思統一がとれてゐないといふ芳ばしからぬ状況にありました。要するに日本は中華民国に対して宣戦する意志もなきままに、支那事変と呼ぶことを公定してゐたこの軍事紛争の収拾に失敗します。失敗といつても、それはもちろん日本帝国政府の不手際のみを責めるべきものではなく、中国国民党とその背後にゐる共産党双方に、鞏固《きょうこ》なる対日戦争への意志が存した故に、日本側の苦心の事変収拾工作は度重なる陰険な妨害工作を受けて、その都度苦い挫折を経験してゐたのです。

注目すべきはこの事変の背後に隠顕してゐたアメリカの影です。国民党は、アメリカが日本を邪魔者視してゐる心理をよく読み取つてゐました。その場合、日本が建国二千年の歴史を誇る古い帝国であるのに対し、米国は建国以来百六十年、中華民国は漸く二十五年を超えた程度の若い経験しか持たない共和制の国であるとの共通点を持つてゐるといふ事も、両国民の相互親愛の感情的要因として無視できません。

国民党はこの国民感情を巧妙に利用して、米国民に向けて、日本の横暴を訴へる宣伝活動を展開し、米国人は又この宣伝を真にうけて、物を言ひ、行動し、その際自分達が親中反日の立場に立つことは、自らの義侠心の要請なのだと信じて疑ひませんでした。

之に加へて、当時アメリカ合衆国政府内部と一部の知識人社会の奥深くに、ソ連共産党を源泉とする国際共産主義の情報宣伝工作が深く浸透しつつありました。その事例は断片的には従来も種々取沙汰されてをり、それが判然と事件化した例もいくつか記憶されてゐましたが、近年に到つてヴェノナ作戦と呼ばれるアメリカのソ連暗号の解読作業の成果が公開され、それによつて大変な人数のソ連側の諜報工作員が米国政府の中枢内に潜入し、米国の国家機密をソ連に通報し、又米国の国策をソ連に有利な方向に操作してゐたことがわかつてきました。

前者の事例は秘密工作ではありませんから、よく知られた話、といふより当事者達の手柄話として大いに吹聴された、アメリカの左翼知識人の中国共産党の活動に対する深浅様々の支援協力の事蹟です。特に名を知られてゐるのが、オーウェン・ラティモア、エドガー・スノウ、アグネス・スメドレーなどでせうか。この連中はアメリカ国内の親中派を国民党シンパから共産党シンパに宗旨替へせしめる方向に貢献した様ですが、いづれにせよ、アメリカの世論を反日の方向に誘導することに寄与し、その親中共的言説は戦後にも米軍占領下の日本で、いはゆる進歩的知識人とその系統に顕著な影響力を持ち続けてゐた事が確実であります。

支那事変がいはゆる解決困難の泥沼に落ち込んでしまつて以降の事は、もう現代史の本筋そのものですから、ここではふれないことにします。靖國問題前史といふ脈絡にもどつて言ふならば、大東亜戦争開戦の前夜までに、アメリカの対日戦準備は戦略的にも国民心理的にも既に十分整備が完了してゐて、いつ開戦となつても少しも動じない、且つ戦争となれば勝利は確実で、四十年来の仮想敵国であり、アメリカ建国以来の「明白なる天命」の妨害者としての日本を、自らの国運発展の予定進路上から取除いてしまふといふ目標の達成は絶対に可能であると信じてゐました。あとは、開戦の大義を保有するために、如何にして日本に先制攻撃の第一撃を打たせるか、といふ工夫だけが政府の仕事でした。開戦時の合衆国大統領フランクリン・ルーズヴェルトは、自分の任期中は米国民に戦争の負担を負はせることはない、と公約してゐました。ですから、自分達から進んで日本打倒に立ち上ることはできない。何とかして日本に先ず攻撃の火蓋を切らせ、そして米国民は侵略戦争遂行者から攻撃を受けた、破られた平和を守るためにこの挑戦を受けて立たなくてはならないのだ、と訴へかける、その様な状況を作り出すことに向けて、彼等は実に巧妙狡猾な罠を仕組んだのです。

巧妙と言ひましても、それは特に変つた手段といふわけでもなく、相手国を戦争に挑発する場合の国際関係上の常道なので、即ち経済的圧迫であり、その極限までゆけば経済封鎖といふ形をとります。又それに伴ふ外交交渉の過程で相手に様々の難題を吹掛けて苦しめます。米国の戦略目標は、彼等の支那大陸への通路を広くあけさせて、且つその地での利権獲得活動に日本が競合の姿勢をとれないやうにする、といふことにあるのですから、外交交渉のみを以て、もしその目標に達することができるならば、当然戦争といふ手段に訴へる必要はなくなるわけです。然し当時の日米関係の場合、米国はむしろ戦争を通じて日本を完全に無力化したいのですから、開戦前夜の日米交渉に於ける相手の要求は、日本が到底妥協できないほどの難題を突きつける形に次第に増幅してゆきました。そして日本が遂に忍耐の極限に達して戦争に向つて立ち上るまでの動きを、かの有名な話となつた日本の外交上の暗号の解読を通じて、冷然と観察してゐたのです。

何分、遡れば日露戦争後のオレンジ・プラン策定以来、米国は対日戦略の研究を積み重ねてきてをりますから、昭和十六年の段階でまさに機は熟してゐました。彼等は自信満々の状態で日本の蹶起《けっき》を待ち構へてゐたのです。

かくて相手国の期待通りに、日本は十六年の十二月八日に開戦の第一撃をハワイの真珠湾海軍基地に艦載機による空襲を敢行するといふ形で放つたのですが、この時日本の外務省は信じられぬほどの大きな手続上の失策を犯してゐます。即ち開戦通告が、駐米日本大使館員の不手際により、ハワイでの第一撃より約五十分の遅れをとつたのです。

これは大使館員の不手際とは言つても、畢竟出先機関に於ける外交官の士氣の弛緩《しかん》に帰せられるべき失錯なのであり、この危急存亡の大事な時機にその様な官吏の士氣のたるみが生じてゐたといふこと自体が、やはりこの時の日本の国民性が日露戦争当時の日本とは違つた、一段劣つたものになつてしまつてゐたことの象徴でありました。敗戦の運命の予兆はここに歴然と現れてゐたのではないかと思はれて、暗澹たる憂鬱におそはれます。

果せるかな、米国政府は日本外務省のこの失錯を実に効果的に活用します。即ち日本軍の真珠湾攻撃は、戦時国際法に違反する無通告攻撃であると見做し、これを sneak attack と呼んで、平和時に生じた殺人行為に等しいと内外に宣伝したのです。

事実は、日本海軍航空部隊のハワイへの接近は米軍の航空警戒網によつて探知されてゐたのであり、米国政府最高首脳は、日本側の攻撃開始を予知しながら、此を現地部隊に警告することを故意に控へた。それは日本の第一撃が無防備状態の施設に対して突如行はれたものといふ状況を演出するためであつた、との戦史研究が当初からあり、爾来半世紀の間にこの種の研究及びそれに対する批判や反駁《はんばく》の文書が数多く出版されてゐます。一次史料に当るだけの力があるわけではなく、研究書を読み漁つただけの立場からは、事の真相についての推測を敢へてする資格はありませんが、どうもルーズヴェルト謀略説を説く論者の方がより説得力を有してゐる様に見えます。

五

斯うして米国は、日本側に第一撃を打たせ、自らはそれに応戦するといふ形を以て日本を全面戦争に引きずり込むことに成功しました。あとは四十年の蓄積の成果に則つて日本の物資補給路を絶ち、国民を四つの島に封じ込めるといふ包囲の輪を次第に狭めてゆけば、日本は兵力をはじめとするあらゆる国力の涸渇によつて屈服するより他なくなります。戦争はどちらにしてもいはゆる相手のあることですから、所詮計画通りに進め得るはずはなく、米国は緒戦では幾多の苦杯をなめもしましたが、結局三年八箇月余の継戦を経て当初の目的通りの日本帝国打倒を成就しました。当初といふのは本稿の脈絡で言へば日露戦争後のオレンジ・プラン策定の時からといふことになりますが、日本の降伏意志が正式に表明された昭和二十年（一九四五年）八月十四日のニューヨークタイムズの社説は、米国はペリー提督の遠征による日本の開国実現以来の多年の目的を達成して太平洋の覇権を完全に確保し、支那大陸市場への自由通路を手に入れることができた、と論じたのです。これは米国の戦争動機を実に正直に語つてゐる、最高の歴史的証言です。九月二日に東京湾に入つてゐた戦艦ミズーリ号の艦上で行はれた停戦協定文書調印式の際、同艦にはその時点での公式の国旗と並べて、ペリーが黒船艦隊の旗艦に掲げてゐた歴史的な星条旗の実物が掲げてあつたといふことですが、その情景はニューヨークタイムズの社説と完全に符節が合つてゐたわけです。

さてアメリカは九十年来の国家目標を達成し得たといふ勝利の美酒に暫《しば》し酔うたわけですが（然しその陶酔はやがて支那大陸を制覇した中国共産党によつて冷水を浴せられ、いとも簡単に破られてしまひます）、戦争の遂行上、彼等が当初想定してゐた日本軍の抵抗力について、いくつかの誤算があつたことを体験し、これが戦勝国として日本国土に占領行政を施行する際の重大な教訓として作用します。

その誤算とは、軽い方では、日本の兵器技術の水準の高さ、例へば海軍の零式戦闘機に代表される航空機性能の優秀さが想像以上のものであつたこと、又その航空機を操縦する飛行士達の技能の卓越も、彼等の人種差別観に厳しい反省を迫る体の目ざましいものでありました。そしてその誤算の最大なるものが、彼等が実際に体験し痛感した日本人の戦意の旺盛、死を恐れぬ勇気、国家とそれを象徴する天皇への忠誠心の堅固さ等でした。

死を恐れぬ勇気、といふだけならば、世界のどの国の戦士達も相応に身に帯して戦場に臨むでせう。而《しこう》して日本軍が、戦局が敗勢に暗転して以降、昭和十八年五月のアリューシャン列島アッツ島の玉砕戦を初めとして、ギルバート諸島のマキン、タラワ両島（十八年十一月）、マーシャル諸島中のクェゼリン、ルオット両島（十九年二月）、マリアナ諸島ではサイパン（十九年七月）、グワム（同八月）、テニアン島（同八月）、パラオ諸島中のペリリュー島（十九年十一月）等で守備隊が降伏ではなく玉砕を遂げ、やがて昭和二十年二月から三月にかけて有名な硫黄島の玉砕戦が演じられます。此等の島々で日本軍守備隊はいづれも全員戦死（重傷を負つて倒れた上での捕虜となつた事例はもちろんありますが）といふ激しい抵抗を見せ、その戦ひぶりの凄まじさに米軍は戦闘では勝利を得ながら、むしろ心底からの恐怖を体験したらしいのです。

殊に硫黄島の戦ひの激しさは日米両国の文学界に戦記文学としての重要な作品を幾篇か

うみ出す契機となりましたし、アッツ島の戦ひで米軍兵士達が実見した日本兵の捨身の突撃の恐しさは、アイルランド系アメリカ人の高名な日本文学者アイヴァン・モリスのペンによつて実に鬼氣迫る様な描写が記録されてゐます。（邦訳『高貴なる敗北』中央公論社、昭和五十六年）

二十年四月から六月にかけての沖縄での軍民一体となつた抵抗の激しさも今更言ふまでもありません。

孤島の玉砕戦で米軍の経験した恐怖も優に想像できますが、更に彼等の心胆を寒からしめたのは、言ふまでもなく、神風といふ不朽の名を戦史に留めた航空機による特別攻撃と人間魚雷回天の襲撃でした。この二種のみならず戦争末期には桜花と呼ぶ人間爆弾ともいふべきロケット弾、震洋と呼んだモーターボート魚雷も登場しました。此等の特別攻撃兵器は必ずしも大きな戦果を挙げたとはいへないのですが、この攻撃方式にこめられた日本軍兵士の命を捨ててかかる戦意の凄まじさが米軍に与へた心理的衝撃はたいへんなものだつた様です。そしてこの氣迫に対する畏怖の念が、即ち停戦後に米軍当局が靖國神社に対して抱いた、恐怖から来る憎悪の根源となつたのです。

神風や回天の攻撃が成功した場合の兵器としての威力は甚大なものでしたが、その効果が生きた人間の自由意思による生命の放棄、いはゆる自死によつて購《あがな》はれたものであるといふ連関は、自殺を造物主に対する反逆であり、即ち罪であると考へるキリスト教文化圏の人間には要するに不可解でせう。

そしてその罪に当るはずの自死を冒した人間が、神として祀られ、市民の崇敬の的となり、祀られた祭神の名誉はその肉親の遺族の上にも明らかに栄光としての反映を留めてゐる。そして日本の天皇が、生前ならば一介の草莽《そうもう》の兵士でしかないその英霊に対し、神に対するの礼を以て感謝の祈りを捧げる——と、この様な宗数的崇高の域に入つてゐる君臣関係が、キリスト教徒の共和国の民にとつて理解の外にあることは致し方ない次第です。

斯くして彼等米国人の眼に靖國神社といふ宗教施設が、何か「不気味なもの」と映じた事はよくわかるのです。

六

先に記しました通り靖國神社焼却の蛮行は彼等も思ひ止まりましたが、これはその手段を放棄したまでのことであつて、占領目的一般の中に含まれてゐる、国家に対する日本人の忠誠心を根底から破壊し、日本を再び米国にとつての妨げとなる様な強大国たらしめないこと、といふプログラムの中では、日本人の靖國崇敬の心を滅却してしまふことがその最重要項目の一であることには変りありません。手段を物理的破壊から心理的破壊に切換へたまでのことです。

右に記しました米軍の日本占領方針の究極目的を達成するために彼等の仕組んだ様々の占領政策については改めて言ふまでもありませんし、それを逐一復習してゐては本稿の主題からは逸れてしまひます。靖國問題と直接間接に関係のあることだけを、生じた時間的順序に沿つてあげてみるならば、昭和二十年十二月十五日の神道指令の発出、二十一年四月二十九日の極東国際軍事裁判二十八被告への起訴状の送達と五月三日の開廷、神道指令の眼目を半永久的に固定化する様な条文を含んだ占領軍起草の日本国憲法の二十一年十一月三日付公布と二十二年五月三日付施行の三点がそれであります。

神道指令はＧＨＱの発出した行政命令ですから、平和条約締結とその発効、日本の軍事占領の終了と共に失効すべきものと予想され、二十七年四月二十八日の主権回復と同時にその通りになりました。従つて発出当時に神道指令が帯びてゐた威令は今や消滅してゐるのですが、その亡霊ともいふべき不吉な影が憲法第二〇条3項の中に揺曳《ようえい》してゐて、靖國問題の中に尾をひいてゐることはさきに見た通りです。

間接的な影響の如くに思はれながら実は問題の最も強く根深い禍因となつたのが極東国際軍事裁判を通じて連合国（主として米国と中国）が日本国民の脳裡に刻み込むことに成

功したいはゆる東京裁判史観の詛《のろ》ひであります。

彼等はこの占領行政中の最大の企画を裁判と呼びましたが、これはもちろん司法裁判ではありません。軍事裁判とは多くは戦争の勝利者が敗者に向けて実施する復讐と懲罰の手続きに他ならないのであつて、言つてみれば直接に火力を用ゐない追撃戦乃至残敵掃討戦です。大東亜戦争の遂行責任者と目された日本の戦時内閣の閣僚と軍部の指導的地位に加へられたこの軍事裁判はその様な復讐劇の典型でした。

彼等が野蛮な復讐の実行に当つて、この様な仰々しい裁判の形式をとつた大芝居を仕組んだ動機は如何なるものであつたでせうか。それは彼等の心理の深層にひそむ「うしろめたさ」であります。単に米国の国策の推進を妨げた事、激しい戦闘局面で米国軍に心底からの恐怖を体験させたといふ事実への怒りと恨みをはらす、といふ動機に出た復讐劇ならば、今や完全に武器を放棄して抵抗力を失つてしまつた日本国の旧軍部に向けて文字通りの残敵処理の殺害を以てすればよいのです。然し連合国、殊に米国と、わづか一週間の対日戦争遂行によつて戦勝国の列に加はる権利を獲得したソ連邦には、当然自らの行為に対するうしろめたさがあります。この場合彼等には我が国語にいふ「良心」があるとは思へませんので「良心の疚《やま》しさ」と言はずに「うしろめたさ」との表現を使つておきます。

本節で少々本筋からそれてまで敢へて概観をしておきました如く、日米戦争を企画し遂行する上で常に主導者の役を演じてゐたのは米国です。

繰返しますが、四十年来の、遡れば九十年来の米国の国家戦略の展開の最終段階としての対日全面戦争を願望し企画したのは米国です。日本を戦争に引きずり込むことができさへすれば、勝利は確実に米国のもの、との合理的計数的な予測はついてゐました。そこで情容赦なき経済的圧迫と挑発の累積の果てに日本をして遂に矛を取つて立ち上らせることに成功したのですから、戦争勃発の責任は長い歴史の眼で見れば明らかに米国にあります。

之に加へて、是は予想をはるかに超えての日本軍の勇敢と精強ぶりに驚いた米軍は、目的のためには手段を選ばずの邪道にはまり込み、戦略爆撃といふ怪しげな、尤もらしい名義の下に、日本の非戦闘員殺戮といふ明白な目的を以て、国内六十余の無防備都市への空爆を強行しました。最大規模の住民殺戮《ホロコースト》は昭和二十年三月九日から十日にかけての深夜の東京下町への絨緞《じゅうたん》爆撃ですが、その手法に於いては他の地方の中小都市への空爆もほぼ同様のものでした。

そしてその殺戮《さつりく》戦略の極点に来るのが二十年八月六日の広島、八月九日の長崎に対する原子爆弾の投下であります。戦時国際法の交戦法規の中には人命の徒《いたづ》らなる殺傷を目的とする残虐な兵器（当時は毒ガスがその代表的なものでした）の使用を禁止する旨の規定がありますが、原子爆弾はその残虐性に於いて毒ガスの比ではない強烈で大規模の破壊力を有します。戦時国際法の法規に違反した戦闘行為は戦争犯罪と呼ばれ、国際的法廷（での審理が可能である場合には）による断罪と処罰の対象になりますが、原子爆弾を戦闘員ならぬ都市住民全体に向けて使用したことは戦争犯罪の最たるものである事、国際社会の眼に明白でした。

停戦協定成立時に、アメリカ政府の意識下のうちにあつたはずのうしろめたさといふのは主としてこの二項、戦争の挑発者であつたこと、史上空前の残虐な兵器を一般市民に対して使用したことから発してをります。然しそんなうしろめたさは、一国の国家戦略の推進者たる政府当局としておくびにも出してはいけない禁忌事項です。もちろん当の敵対者をはじめとする他者の眼にそれは見えてをり、必要とあらば容赦なくそれを指摘するでせう。事実、東京裁判法廷でアメリカ人のベン・ブルース・ブレイクニ弁護人はその挙に出ました。

そこで、攻撃は最良の防禦《ぼうぎょ》、との古来の格言通り、米国は自らの道徳的弱点を隠蔽し、危険と思はれる争点の対象を相手側にすり換へる工作として、戦争を挑発したのは日本側であること、戦時国際法違反のいはゆる戦争犯罪は日本側に顕著であつたこと、この二点の宣伝・情報工作の道具としての東京裁判を強行するのです。

この裁判の起訴状が挙げてゐる三項の主要な訴因、平和に対する罪、交戦法規違反の戦争犯罪、人道に対する罪、といふ数目のうち、前の二項は正に米国の犯した罪を晦《くら》ますためめの相手への責任転嫁であり、第三項は日本にもナチス・ドイツがユダヤ人に対して犯したホロコーストと同様の人道上の罪があつたのだらうとの推定で立てた項目なのですが、そんな事実はありませんでしたし、この項目で論議が起こればアメリカの原爆使用こそ正にそれに当る、いはゆる藪蛇《やぶへび》の結果が出るであらうことに気がついて、法廷では事実上審理の対象となりませんでした。

七

東京裁判は、この様に、一言で言へば米英中ソといふポツダム宣言加入国を中心とする連合国が、彼等の呼ぶところの第二次世界大戦に於ける彼等の犯跡を韜晦《とうかい》するための情報宣伝工作の舞台でした。ところが、この裁判はなにぶん被軍事占領下の日本で、占領軍による言論表現の自由の厳重な統制下で強行されたものですから、この裁判に対する懐疑的否定的な論評は一切公表を禁じられました。国語表現の文芸的修辞を巧みに操つて間接的な批判を文字に表した人も少からずゐたのですが、占領軍の意を体した同じ日本人の検閲員の目に見破られて削除されたり印刷刊行を禁じられたりしました。世間一般の大衆の眼に映るのは、東京裁判の検察側の指摘は皆歴史的事実であり、それに対する判事達の多くは肯定的な判定も亦正しい、即ち日本国は満洲事変以降国家的規模で侵略戦争を行つてきたのであり、その責任は現在法廷の被告席に坐つてゐるかつての国政指導者達にある、又あの戦争そのものが平和に対する罪であつたといふならばあの戦争で戦つた軍人・兵士達は皆その犯罪に加担した責任を有することになる、といふ検察側当事者達つまり連合国側の言分は正しいのだとの結論だけが新聞と放送を通じて国中に流布しました。

世に東京裁判史観と呼ばれてゐるのは大凡《おおよそ》かういつた歴史判断のことでありまして、この歴史観は、占領の終了する昭和二十七年四月まで、国内のあらゆる言論・報道機関を通じて一般大衆の脳裡に刷り込まれ続けたのです。

かうした執拗な情報宣伝工作を、いつの頃からか洗脳と呼ぶ慣例も生じた様ですが、この日本国民に向けての洗脳工作の禍が最も深く浸透し根を張つたのは学界と教育界に於いてでした。学界の中でも東京帝国大学法学部を頂点とする法学・政治学の分野、及び必ずしも一つの大学で代表させるのではなく、歴史学研究会といふ学会組織が支配することになる歴史学界、そして学制改革の結果誕生した東京大学の教育学部を頂点とし、占領軍の勧奨に力を得て、早くも昭和二十年の暮に結成された全日本教職員組合等が、やがて東京裁判史観による全国民対象の洗脳工作に猛威を揮《ふる》ふことになります。

此等学界・言論界の最上層部分がどうしてこの様に占領政策への迎合・協力勢力として力をつけるに至つたのか、占領軍の洗脳工作の巧妙さと、陰に陽に働かせた強制力の所為と言つてしまへば簡単ですが、もう一つ考へられるのは当時の日本側の体質です。日本国内には既に、いはゆる大正デモクラシーの風潮に応じて発生してきた、社会主義的な国家改造運動への漠然たる希望と親近感があり、戦時といふ緊急事態下の緊張で思想的にも挙国一致体制をとる必要から一時抑制されてゐたその社会主義的改革への願望が、臨戦時の抑圧から解放されて息を吹き返したこと、そして停戦直後のいつ終るとも知れない占領体制の継続に対する不安から、占領軍の意向に反する言動は自らの専門的活動、ひいては生活にとつて不利である、との打算的見通しが人々の眼前に映し出されてゐたことです。翻つて言へば、占領軍への迎合的言動は、少なくとも占領の続く限り、自分の地位と名聞にとつて有利である、との計算が成立してゐたことです。これを後から振り返つて見て、戦時不当利得の概念からの類推で占領利得と呼ぶ把握も生じました。

一たび占領利得の旨味を知つてしまふと、それが現実の財貨や所得に益するものである限り所詮大したことではない泡沫の如きものですが、これが社会的地位とか政治的な権勢といふ性格のものとなると、占領が終了した段階で潔く手放すといふわけにもゆかないものです。殊に学者研究者の場合、占領体制下で占領政策への積極的迎合もしくは少なくとも保身のために公言・公表してゐた自己の立場や見解に、今度は自分自身が拘束されることになります。政治家ならば、これは意見が変つたのだと言へばすむことですし、よくある例としていはゆる転向声明でも出して立場を変へることも多くは許されるでせう。

学者の場合は、状況への適応ではなくて学問的真理への奉仕をその身上とするのですから、或る一時期の自分の見解をあとから否定したり変更したりすることは、その人の学者としての世の信頼を裏切ることになりますし、まあ道徳的にも人は多くこれを避けます。さうなりますと、占領期の自分の学問的業績の価値は、無期限にその人の言動を拘束することになり、更に悪い事には、現在の自分の正当化のためには過去の自分を正当化せねばならず、過去の正当化のためには、自分の過去の業績に学んでゐる後進の学徒をも、かつての自分の取つた方向に合せて育成してゆかう、といふことになる。つまり学界に根付いた占領時代の歪んだ価値観は、世代を越えての再生産の反復の中でなかなか克服も是正もできない、といふ厄介な事態が蟠踞《ばんきょ》してしまひます。

教育界に於いては、普通教育の教科書といふものが、これは明らかに学界の学的水準を間接的ながら確実に反映してゐる文書なのですから、例へば代表的な例として歴史の教科書は歴史学界の動向の反映なのですから、昨今の様に歴史学界の内部に見解の対立が生じれば、教科書の編集・制作も二つの方向に分裂して互ひに自己の正当性を主張して相争ふことにもなります。更には、占領利得は既に人事権を焦点とする業界の既得利権と化して同じ党派間での相承継受の対象となつてしまつてゐるので、現今囂《かまび》すしく論じられてゐる如く、六十年余に亙る日教組の教育界支配は、その上層部が一旦獲得したこの利権にしがみ付いてゐる限り、その全体の体質の刷新・改善は、現実には意外なほどに困難なのです。

靖國神社が現在直面してゐるのは、この占領利権の亡霊が跋扈《ばっこ》する澆季《ぎょうき》の政界と思想・言論界なのです。

現政界の中枢部を占めてゐるのは、占領利得受益者の最たるものである日教組がその大勢力を誇つてゐた当時に、初等・中等教育を受けた世代です。その親達の世代までは、まだしも物心づいた頃に占領期の屈辱を（これを恥辱と見るどころか心から喜んで受容れた層も一部にありましたが）身に沁みて知つた世代です。占領利権に跨《また》がつて物を言ふ後進の世代を苦々しい警戒の眼で見てゐたといふ面があつたでせう。だが当代を支配する後進達はもはや占領期の屈辱と危機感を回顧する想像力すらも養はれてゐないのです。彼等はただ青少年時に学校と周囲の世間から教へられた通りの歴史観と靖國神社観を何の吟味も反省も加へることもなく、そのまま奉じてをります。アメリカの洗脳工作は、残念ながら見事に功を奏しました。

半世紀後を見越しての彼等の置毒政策は所期の成果を収め得たと評してよい様です。

八

国外と一口に言ひましても、ここで検討を要するのは中国と韓国、殊に共産党政府の独裁支配下にある中国の、靖國神社に向けての執拗な誹謗と攻撃です。

考察の前提として御留意頂きたいのは、大東亜戦争に於いて日本が戦つた相手国は現在の中華人民共和国ではなく、国民党が政権を掌握し、蔣介石が国民政府首席、戦後は総統（欧米や韓国の大統領に当ります）として国政を総括してゐた中華民国（大韓民国と同じく、民国は英語に訳せば共和国です）でした。

一九四八年十二月、恰も東京裁判が結審して被告に対する判決通りの刑が執行されたのと殆ど時を同じうして、国共内戦が最終段階に入り、国民党軍の敗北が決定的となります。翌四九年には十月に中華人民共和国が毛沢東を国家主席、北京を首都として成立、蔣介石の中華民国政府は台湾に移転し、台北を首都として、謂はば亡命政権としての命脈を保つことになります。

支那事変の勃発から大東亜戦争の休戦に至るまで、共産党は陝西省の奥地延安に本拠を置いて、国民党軍の対日戦を使嗾《しそう》し、陰に督励する役割を選んでゐましたが、数次に亙る国共内戦といふ内紛関係もあり、日本軍が正面の敵として相対したのは国民政府軍です。局地的には日本軍が共産軍を相手として戦つた戦闘もありましたが、戦争の全般に亙つて中共政府が日本軍に対して勝利者として臨むといふ姿勢は筋違ひです。東京裁判に参加して検事と判事とを送り込んだのも、もちろん中華民国の国民党政府でした。

ところが東京裁判の審判に参加した中華民国の代表判事が、国共内戦の勝敗が決つて、共産党の人民共和国が成立するや、あつさりと寝返つて国民党を裏切り、共産党に忠誠を誓ふ立場に鞍替へをした事にも象徴的に表れてゐますが、中国といふ国の政治事情は、欧米流の政治感覚と常識を以てしては一寸不可測の人間関係によつて流動いたします。中華人民共和国の成立は、要するに支那大陸に於ける共産革命の成就なのですから、その革命政府が、自分が顚覆《てんぷく》させ追放した旧政権の、対日戦勝利といふ勝者の権利を我有とするのは革命政府としての沽券《こけん》に関はるのではないかと、私共の感覚では判断しますが、支那人の物の考へ方はさうではないのです。

これの裏返しの関連として思ひ出されるのは、辛亥革命によつて清朝が倒れ、中華民国が成立した時、新政府は日本と清国との間に締結されてゐた国際条約の協定を、革命外交の名の下に次々と破棄し、国際的信義を蹂躙するの挙に出ました。つまり自分にとつて不利な脈絡では前政権との連続性、一貫性を否定し、有利な局面では前政権の遺産の相続を主張するといふ御都合主義です。この御都合主義は、かの大陸では政治的必要性が全ての手段を（それが如何に道理に外れたものであらうとも）、恬然として正当化してしまふといふ原則が支配してゐるのだとわり切つてしまへば、それを承認することはできないにせよ、さういふものなのかとの理解はできます。

中華民国政府が東京裁判に向けて持ち出した訴因の最大なる名目は、支那事変に始まる日中戦争が、日本による支那大陸への侵略戦争であつたといふ大枠と、その中で具体的には昭和十二年七月の盧溝橋事件の発端が日本による中国側への先制攻撃であつたといふ「平和への罪」に属する脈絡、そしてその年の十二月の南京陥落に際し、日本軍による非戦闘員・市民への大虐殺が発生したといふ通例の戦争犯罪の脈絡とであり、つまり東京裁判の図式に向けて、裁判の主導国たるアメリカの思はくに正確に適合する立件要求だつたことです。

このうち前者の方については、偶々裁判法廷の審理が始まつた頃に、中国共産党の上層部が、あの事件は国民党と日本軍とを戦はせるために共産党が配下の青年部隊を使つて仕組んだ謀略の成功だつたのだ、と、むしろ誇らしげに語つたといふ情報が伝はつたことで、法廷は鈍いけれども微妙な衝撃を受けました。この点での審理をつきつめて行けば、支那事変の勃発について遂に日本軍の冤枉《えんおう》が論証されてしまふかもしれず、此もいはゆる藪蛇になりかねません。そこで法廷はこの件についての深入りを避け、全体としての日本の支那大陸への侵略行為の論弁に力を入れる方針をとつたのです。そして盧溝橋事件を追及しかねた失点の代償としての南京事件の断罪に、なりふり構はぬ訴追弾劾の精力を集中しました。

南京事件への裁判所の対応の錯誤については、汗牛充棟《かんぎゅうじゅうとう》といふ俚諺《りげん》を実感させる研究文献の山積があり、この紙面では到底その九牛《きゅうぎゅう》の一毛《いちもう》ほどの紹介もできません。ただ顧みて感に堪へないのは、元来国民党政府の宣伝機関が捏造して内外にばら撒いただけのものであるこの虚報が、日本にもナチス・ドイツのそれと似合ふ様な大虐殺の罪過があつたはずだ、だから原子爆弾投下といふ米国の戦争犯罪を相対化させる材料として、是非その立証が欲しいといふ検察側の思はくにとつての、これが絶好の餌食となつてしまつたことです。而もこの捏造事件が、さきに申しました占領利得の上に己の功名心を築き上げてきた、元来ろくな研究能力もない歴史学界の末流の徒にとつての重宝な売名手段として利用される様になつた、その風潮の悍《おぞま》しさです。

戦争時代の日本国の過失を糾弾し、その罪過を暴く様な論文なら必ず売れる、といふ風潮は是亦占領軍の禍心から出た凶穢《きょうわい》な置土産なのですが、この場合は何といつても占領軍を怨むのではなく、この利権に、腐肉にたかる禿鷹の様に群れ集つた日本国内のならず者共の罪を論ずべきでせう。

捏造された南京事件の誤判の犠牲者として著名な存在に、東京裁判法廷二十八被告の一人であり、この虚構の罪名によつて刑死した松井石根陸軍大将がをり、又たしかに南京攻略戦に参加してはゐましたが虐殺の罪などは毛頭犯してゐない、いはゆる百人斬事件の容疑者として戦後南京に連行されて銃殺された向井、野田両少尉があります。この他にも支那派遣軍の司令官であつた将官をはじめとして何人もの冤罪の犠牲者が出てをります。

この虚構の事件を捏造した責任者は、つまる所国民党政府の対外宣伝機関でしたが、これが彼等にとつても意外であつたであらうほどの世界的な成功を博した、その悪しき果実を存分に享受し、今もその旨味を貪《むさぼ》り続けてゐるのが、国民党政府を打倒して、代つて支那大陸の覇者となつた現在の共産党政府なのです。

一九四九年十月に成立した中国共産党政府は、以来六十年余、看板通りの共産主義革命の道を邁進《まいしん》し続けました。然し彼等の目指す所は決して人民の安寧の確保ではなくて、所詮党利党略、殊にほんの少数の幹部の私利私欲を満すための権力の獲得維持に他ならず、人民の労働力はその使ひ捨て材料に過ぎないのです。

党の標榜し企画する理想的社会主義社会建設の事業は、支配者達の恣意的な権力の行使と、支那人一般に見られる、公けの秩序とそれに伴ふ信義といふものを尊重する感覚の完全な欠如、道理に従ふといふ知性への軽侮《けいぶ》等々の悪癖に災されて、とても独裁者の呼び声通りの成果が上るはずがありません。建設の停滞や途上に生じた失敗を収拾する際の不手際、自然環境を保全する科学的知識の不足や放漫《ほうまん》さに起因する自然災害の頻発等で、人民の正直な怨嗟の声は、如何に強権と傲慢の塊であらうと、為政者の権威の失墜として、直ちに権力闘争の相手がつけねらふ弱点となります。

徳によらず専ら力に頼る独裁的支配者が、やはり恐れざるを得ないのは人民大衆の批判の聲です。共産党の上層部は己の失政の責任を何らかの他者に転嫁して自己の権力の延命を図ることに絶えず氣を遣ふことが、必然の要請となつてをります。その責任の転嫁先として打つてつけの口実が、国民党の戦時利得の遺産ともいふべき南京大虐殺事件といふ法螺話の伝説的「史実化」です。この伝説は、日本が支那大陸に向つて仕組んだとされてゐる「侵略戦争」の象徴的記念碑なのです。

日軍の侵略によつて支那の国土には広汎な荒廃が生じた、国家の財産は甚大な損害を蒙つた、貴重な有為の人材が多数失はれた、この傷手から国土が恢復《かいふく》するのは一朝一夕の努力では間に合はない、我々は今それでも戦火の禍害から立ち直る途上にあるが、時として停滞が生じるのは日軍の国土《こくど》劫掠《ごうりゃく》に遠因がある、全ての禍の責任は日軍の侵略にある、等々の宣伝です。

この宣伝は、実は中国政府自身が事実さうなのだと信じてゐるわけではありません。単に人民大衆の不満を我身からそらすために（専制的支配者の常道ともいへる手法ですが）、民衆の憤懣のぶつけ先を外に求めて、そちらへ向けての怒りを使嗾《しそう》するのです。この反日宣伝の裏の意味を読み取るのは難しい話ではありません。解読の結果は以下のやうなものになりませう。

現在の中国の、公表してゐるわけではない暗黙の国是は、アメリカと並んで世界の二大強国たらんとする覇権主義です。その点ではかつての米ソの二国が超大国として世界を動かしてゐた冷戦期の二極構造時代のソ連の位置を、自らが取つて代つて占めようとしてゐる、と見てよろしいでせう。この覇権主義の心理的基盤は、何千年来の支那人の伝統的精神構造の枠組である中華思想と、共産党の結党以来の党是である世界共産主義化のイデオロギーが一体化したものですから、政府の政策といつた次元を超えた鞏固な民族的体質になつてゐると見られます。ソ連の社会主義国家建設の夢が革命開始以来七十余年の努力の果てに、遂に画餅に帰したことが明らかとなり、そこに希望をかけてゐた人々が共産主義の描いて見せた迷夢から漸く醒めたこの現代に至つても、中華思想との結びつきによつて未来の夢ではない、一種の体質と化してしまつた彼等の共産主義は、ソ連の思ひ描いたそれとは少し性格を変へて生き延びる強さを帯びてしまつてゐるのではないかと思はれます。

この中国の覇権主義にとつては、帝国主義的支配の対象としての地続きのモンゴルもチベットもウイグルも既に自治区といふ名で併合済みですが、朝鮮半島も台湾もおそらくその予定に入つてゐるのでせう。口先だけでは当然日本も併合対象の目録に入つてゐるのですが、さすがにそれがさう簡単にゆくとは考へてゐないでせう。それは現に二国間の安全保障条約に基く日米軍事同盟の効果を目前に見てゐるからです。日米同盟の重要さが改めて認識できる次第です。

さうなりますと、論理的にわかり易い話なのですが、彼等の覇権主義にとつては、日米同盟の機能は要するに国是実現上の障礙物です。それはかつての米国の国家戦略にとつて日英同盟が障礙であつたのと同じ事です。米国は己の国家戦略実現の布石として日英同盟の解消を画策し、成功したのですが、今の中国が世界の歴史に学ぶ才覚を働かせるとしたら、これはよい教訓になります。

日米同盟を、解消とまでゆかなくとも、実質的に無力化する、俗に言ふ協力関係に罅《ひび》を入らせる方策は種々考へられませうが、彼等が心理的に有効だとして着目したのが靖國問題なのです。これはもちろん日米関係に限るものではなく、日本国内の精神的統一を攪乱し、国民の一致団結による強固化を妨げる、といふ観点からしても、彼等の覇権主義にとつては常に必須の政治的必要性を持つてゐます。

昭和六十年の中曽根首相の公式参拝に寄せられた合憲性の保証に対する国民の強い支持は、正にこの脈絡に於いて彼等が警戒に値すると見た日本強大国化の空気の一兆候でした。その時彼等が、靖國神社には東京裁判での刑死・獄死の被告（計十四柱）の霊が合祀されてゐる、「戦争犯罪人」の霊に総理大臣が表敬の参拝をするのは中国人の国民感情（その様なものが現実にある、又把握可能であるとは到底思へませんが）を著しく傷つける、といつた言分を持ち出したのは、この点で東京裁判の主催国であつたアメリカが中国の「国民感情」とやらに同調、少くとも理解は持つてくれるだらうと踏んだからでせう。事実、アメリカは日米開戦五十年の記念年（平成七年、一九九五年）に、なほも執拗に「リメンバー・パールハーバー」を持ち出すほどの戦争の記憶への拘泥を見せたものです。

アメリカ人は平和条約締結以来の日米関係、及び彼等の側に於いて極めて高度の水準に達した日本文化・日本精神史の研究成果を通じて、日本人にとつての靖國神社の意味についても十分の理解を持つに至りました。加へて、東京裁判の評価についても、マッカーサー当人の悔悟と反省、歴史研究者達の公正にして厳しい見解の数々が、少くとも知識人社会の間には十分に浸透してゆき、その結果、靖國神社を「戦犯」を祀つた軍国主義的宗教施設と見る様な偏見は殆ど消えてをります。現に日本駐在のアメリカ軍武官の表敬参拝は普通の事となり、平成十九年には厚木基地の米海軍航空部隊の士官兵士達が集団で礼儀正しい表敬参拝に訪れたこともあります。

靖國神社問題で米国が中国の日本政府非難に歩調を合せてくれなくても、そのことは中共政府にとつて別にどうといふこともありません。彼等にしてみれば、アメリカの応援などなくても、他ならぬ日本国内に、国内の精神的団結を妨げる、対敵内応分子を見出し、それを組織的に利用するといふ極めて効果的な日本国内攪乱手段を有してゐるからです。

この手段を、彼等は偶々《たまたま》靖國問題で見事に中曽根氏を屈服せしめたその同じ年、昭和六十一年のいはゆる第一次教科書事件で明白にその有効性を認識しました。この脈絡での事の起りは昭和五十七年の教科書検定虚報事件（教科書記述の現代史の部分で日本軍の中国「侵略」といふ文字を検定委員が「進出」に書き換へさせた、といふ誤報が一人歩きをし、文部省がその様な事実はなかつたと公式発表を以て否認したにも拘らず、時の官房長官宮澤喜一が中国に謝罪し、政治権限を以て教科書の記述を変更させると約束してしまつた売国事件）ですが、この時に既に、中国は、日本政府は恫喝を以て圧迫すればどの様にも動かせる、と味をしめてしまつたでせう。おまけに、この時それが誤報であつたと大きな訂正記事を掲げて読者にお詫びを表明したのは、産経新聞唯一紙のみでした。他の新聞は誤報訂正をしませんでしたから、結果的に中国の抗議には然るべき理があつたと認めたことになります。そしてそれから四年後の歴史教科書事件、即ち「新編日本史」が中国の抗議を取り次いだ海部文部大臣の指示により、検定合格後の教科書の記述に一部変更を加へることを強制されたといふ事件は、明らかに朝日新聞の対敵内応行動が事のおこりであります。朝日新聞にけしかけられた北京政府としては、これを黙過するわけにはゆかず、又しても内政干渉に及び、中曽根内閣がそれに屈服した、といふ次第でした。

この様に、中国政府は、謂はば日本国内に中国覇権主義推進のための情報工作員の大組織を保有してゐるも同然なのです。この組織を活用しない法はありませんし、その材料としては靖國問題がうつてつけであります。

この問題に関して日本国内の議論がわれてゐる事（その罅《ひび》割れの原因も亦、元来他ならぬ中国の不快感表明といふ形での内政干渉にあるのですが）、法的には解決されてゐるはずの合憲・違憲論争になほも政治的に喰ひさがる社会主義系の党派があり、新教系のキリスト教会の一部、浄土真宗系の反軍思想を持つた僧侶などが、執拗《しつこ》く反靖國神社の訴訟闘争を進めてゐること等を、中国政府は現在日本国内にまで張りめぐらせた情報網を通じて知悉してゐるのです。

ここを突けば、日本国内の輿論は必ず分裂し、何度でも内部抗争を展開する、それが又日本国民の精神的団結をかき乱す契機となる――と、かうして中国政府に把握された弱味、致命的な急所を、彼等は存分に突き、我々はそれを守り通す事に非常な苦心と労力を要する、かうした悪因縁の結び目の位置に靖國神社は置かれてゐるのです。半知識人とでも定義するのが相当の階層がよく口にする「靖國問題」の構造はこんなものなのです。

九

因みに、国外的要因としての韓国の対応にもほんの一言ふれておきます。

韓国・北朝鮮の場合は、これは決して旧敵国ではなく、靖國神社に合祀されてゐる御祭神の中には、旧日本国民であつた朝鮮半島出身者（台湾出身者も、もちろん居られます）も含まれてゐるのですから、当事者・関係者が抱いてゐる日本統治下時代の個人的記憶と感情に応じて対応の態度には温度差があります。両国の政府としては概して中国政府の態度の強弱を窺ひみて、それに波長を合せるといふ場合が多い様ですが、それは、やはり中国政府と同じ心理的根拠のもので、日本国民の精神的団結による、「強い国日本」の再現に対する警戒感にある、と見てよろしい様です。

民間の次元で見ますと、それが又少し色合ひを異にする様でありまして、ここには大東亜戦争停戦後、彼等の言ふ所の解放直後から始まつた、独立の共和国建設のための固有の民族精神復活に向けての国民教育と言論報道機関の志向が大きな影響を持つた様でありま す。民族の独立精神を養成するには、先ず第一に日本統治下での皇民化政策の感化を払拭し脱却することが求められます。それは当然反日宣伝・反日教育の徹底といふことになりませう。日本の統治を内心では肯定し、その恩恵を公正に認識してゐる向でも、当面の国家的国民的要請に大義名分のあることは自明なのですから、それに應じて、過去の日本の影響を消し去る事に努力を致すのは当然です。眼に映る皇民化政策の象徴の最たるものは朝鮮神宮を筆頭とする日本の神道の社や祠ですから、これを破壊し撤去してしまへばそれで問題は片づきます。かうして現在（解放以後現時点に到るまで）の韓国々民が日本の神道との縁を絶ち切ることは簡単にできたのですが、高名な洪思翊中将をはじめとして二万一千柱以上の半島出身者が御祭神として祀られてゐる靖國神社とは、その意味で韓国人は今でも縁を切ることができずにゐるのです。

これを否定し、絶縁を完全にするために、御祭神の合祀取り下げ運動も起りましたが、これもそのうちの一部遺族の要求でしかない以上、却つて整合性に欠けるところが弱点でありますし、神社側が神道の教理に則つて取り下げを拒否した以上、その要求を貫徹させる権限はどこにもありません。結果として靖國神社は韓国人が日本の神道文化との縁を保つ唯一の絆として（たぶん永久に）残つてゐる、さうした微妙な関係になつてゐるのです。

この問題には韓国人の全てが納得する最終的解決があり得るのか。おそらく否でありませう。考へられる解決の唯一の形は、靖國神社に上記の様な縁を有してゐる韓国人の遺族とその子孫達が、日本の靖國信仰、国家の守護霊とそれに向けての国民の崇敬と奉謝の祈りの思想を、「さういふものであるか」と理解し静観するといふ形をとるより他ないでせう。台湾出身の戦歿者の霊は、李登輝元総統の令兄のそれを含めて二万七千八百柱以上が御祭神として合祀されてゐる由ですが、台湾の方々はその殆ど全てが右に記した様な諒解と、むしろ日本国民と同様の崇敬の感情を以て靖國神社に相対してゐます。

韓国人に対しては、彼等の有してゐる微妙な位置に対しての当方の理解も亦必要でせうが、中国政府に対しては、理解や静観を求めるどころではない、その覇権主義的大国志向に発する傲慢な内政干渉に対し、常に敢然毅然たる拒絶の姿勢を以て対する以外の策はありません。

十

心ならずも話が少々長くなつてしまつて恐縮なのですが、問題の現況とその沿革、殊に靖國神社への崇敬奉賛の国民感情と運動とが不思議にも「問題」視されるに至つた経緯の、国内的国外的双方の要因についてお話しできました以上、結論はまあ簡単なことですむのであります。

靖國神社とは元来その名の示す通り、国を靖（安と同義）んぜんがための守護霊である、現在二百四十六万六千五百余柱の御祭神に対し、国民が静かに崇敬と感謝の祈りを捧げる信仰の施設であります。政治・外交がらみの議論や意見闘争の場ではないのです。我が国民の靖國信仰が論争の対象になつてしまふといふ事自体が、明治天皇の叡旨《えいし》を体しての神社御創建の事情に鑑みましても、御祭神に対して申しわけなく畏れ多い事態であります。

然し、ひとたびそれが公然たる議論・論争の焦点として「問題」化してしまつた以上、崇敬者の身と致しましては、紛議を収拾し、一部の歪められた靖國神社観を、その本来あるべき姿の儘になる様に訂正を施し、なるべく多数の人の一致した合意が得られる様な形に定義し直すといつた課題が義務として課せられると思ふのです。

火急の問題から考へてゆきませう。現在我が国の内閣総理大臣を始めとする内閣閣僚が中国政府からの非難の抗議に慴伏《しょうふく》して、靖國神社への公式参拝を自粛してをります。中には、中国に遠慮してではない、自分の見解に忠実なるが故に行かないのだ、と公言した首相さへ居りました。

この事は、中国政府が傲慢にも海の彼方から我が靖國神社に対して下してゐる意味づけに同意し、それを受容してゐる事を意味します。彼等の下す意味づけとは、彼国の南京市に、日本軍による大虐殺の実体と証拠を展示したと偽称する歴史記念館が建ててあるのと照応する様な位置にあるのが、東京の靖國神社であつて、それは日本の侵略戦争を美化し、戦争犯罪人として断罪された軍閥指導者達を神に祀つて正当化してゐる施設だ、といふ趣旨のものです。そこで、彼等の抗議に屈服して靖國神社への参拝を控へるといふことは、靖國神社に向けての誤解と歪曲に満ちた、その誹謗中傷をも承服し、それを肯定することになります。

即ちその場合、靖國神社にお参りすることをよく為得ない政治家は、中国側の揚言するこの大東亜戦争観、現代史観に同意し、それを受容れてゐるといふことを、参拝自粛の行動を以て自ら承認してゐることになります。

尤も小泉純一郎氏の様に、靖國神社への参拝は実行しながら、その度に中国側の歴史観には同意し、謝罪と反省を表明するといふ変な人もゐたのですが、まあ変人の面目躍如といふことで、この人の参拝は、中国側の抗議に対する拒絶にも反駁にもなつてゐない、何か意味の錯乱した行動となつてしまつてゐるのですが。この変人の事例はさて措いて、日本の指導的立場にある政治家達が、中国の言ひたてる日本の「侵略戦争」責任糾弾に暗黙の同意を与へてゐるといふことは、実は国家主権のあり方から言つて、又日本の国家国土の安全保障の観点から見て、実に重大な意味を有つ過誤なのですが、この人々はこの関連に本当に気がついてゐないのでせうか。

例年四月二十八日の主権回復記念日国民集会を催すたびに、日本の国家主権を真に回復するといふことは、歴史の解釈権を我手に取り戻す事だ、との論点が決つて思ひ返されるのですが、昭和六十一年の中曽根康弘氏の無慚《むざん》の屈服は、歴史の解釈権を相手に委譲してしまつたといふ恥辱に塗《まみ》れた醜行の意味を有してゐたのです。

十一

国内での反靖國勢力を形成してゐる徒輩は、これも所詮は東京裁判史観の呪縛を解き得てゐない、と申しましても此等は世代的に見て東京裁判の呪咀を直接身に浴びたわけではない完全な戦後派でありまして、先に述べた占領期利権に寄生する歴史家や言論人によつてむしろ拡大氣味に再生産を繰返してきた、その偏向と歪曲の歴史観の教育を受けて育つた世代が大半を占めてをります。この異常発生の原因が教育にある以上、この人々の靖國神社観の是正も亦教育を以て対処するより他ありませんが、それがもはや手遅れに属する年齢層の人々、例へば民主党内閣の閣僚達といつた連中を相手とするとなれば、これはやはり、忍耐強く思想戦、言論戦を以て論破するより仕方がないでせう。この世代が社会の表面から退場してくれるのを待つ、その間に後に続く世代への正しい教育に全力を注ぐ、といふのも選択肢の一つかもしれません。現にその後にくる、かなり若い世代の人々の中には、具体的に名を挙げて言へば、靖國神社崇敬奉賛会青年部に結集して神社への多面的な奉仕活動を展開してゐる十八歳から四十歳くらゐまでの真摯な青年男女の集団がありまず。この人達は、いはゆる団塊の世代を中心とする、日教組の偏向教育の成果と見てよい団塊を支配するニヒリズムに強い懐疑を突きつけ、日本的価値観の再生を目指して、たのもしい研鑽を積んでをります。今や大半が老年・頽齢の域に入つてしまつてゐる戦中派世代の憂国の人々が、自分達の志を継いでくれる力として期待をかけてゐるのは、この世代の人々の若い純真な精神であります。

最後に最も難しい問題で、限られた紙面では説きつくせないことなのですが、やはり此にふれておかなくては「靖國問題」についての論策としては不十分の誹《そし》りを免れないと思ひます一項目を取り上げてみませう。それは現代日本人の精神生活一般の中で、「靖國信仰」をどの様に位置づけるべきか、といふ問に発する議論であります。この問については筆者は過去に既にいくつもの機会を得て単行の著作や論集の中で様々の角度から見ての論考を公にしてをります。それらをご参照いただきたいといふことで済ませてしまつては横着すぎるかと思ひますが、中に就いて殊に難問と思はれます問題、日本人の靖國信仰とはいつたい宗教なのか、少なくとも宗教として扱つておくべきものなのか、それともこれは、聖徳太子の憲法の御教への中にある「背私向公」の道徳原理に根源を有する国民道徳の精髄が神社信仰の形にまで昇華した、宗教といふよりは実は世俗的性格を有する教条ではないのか、との問が想定されます。将又《はたまた》、靖國神社そのものは何しろ明治二年の御創建であつて、式内社以来千年余の歴史を有する日本の天神地祇のお社とは全く別の社格を有する神社であり、そこに含まれる近代性と国家的性格を、古い一般の神社信仰の中にどう位置づけるのか、といつた問題も浮上してまゐります。これについては筆者の近著であります、『なぜ日本人は神社にお参りするのか』(平成二十一年、海竜社刊)の第四部『守護神としての靖國の神――「怨親平等」観を越えて』の中で、一神教文化圏の中での代表的世界宗教であるキリスト教の信仰と対比した上での、宗数学的考察を試みてをります。

それをここに引用再説することは文筆業者の義理として出来かねることでありますから、甚だ恐縮ながら右の拙著をご参照願ひたく存ずるのであります。

靖國問題の扱ひ方をめぐつての、取り敢へずの結論として申し上げておきたいことは以下の如くであります。

靖國神社は明治二年の御創建以来、その名の通りの国の護りとして鎮めとして、国土と国民の守護神としての崇敬を集め、大東亜戦争の敗北の結果として米占領軍による誤解と憎悪に満ちた圧迫を受けながらも、国民一般の強い崇敬心に支へられて（昭和二十一年に民間からの自然発生の形で発祥し、現在年間の恒例行事としてますます賑はひを見せてをります七月十三日―十六日のみたままつりがその生きた証例であります）、誰が何の疑ひを懐くこともなく、その伝統を維持して参りました。その歴史は仮にあの昭和六十一年までを区切りとしてかぞへてみて百十八年になります。昭和六十一年に至つて、隣国の内政干渉により、神社御創建以来初めての、思ひがけぬ災厄が襲つてきたわけですが、これとても、この外圧が神社全体を覆ふ様な暗い翳《かげ》を投げかけたといふわけではなく、却つてこの事件に刺激を受け翌々昭和六十三年の八月十五日に靖國神社の境内で開催された「戦歿者追悼中央国民集会」は爾来《じらい》一回の中断もなく、今日に至るまで連年確実に開催され、この記念日に於ける国民の靖國信仰の堅固さを象徴する行事となつてをります。即ち、政治家達の保身の術一辺倒の怯懦とは裏腹に、国民一般はこの百二十年の伝統を固く信奉して微動だもしなかつたのです。

この伝統への国民の信奉は、御創建百四十年（平成二十年）の記念年を迎へて、その間に止め様もなく進行してゆく戦中派世代の減少と世代交替の現実にも拘らず、この歳月の経過に比例して、靖國信仰の伝統もその蓄積を伸ばしてゐるのです。

靖國神社に懐疑の眼を向け、靖國信仰の国民的共有に逡巡を表明する、団塊文化の世代の人々に対して私共の差し出す反駁の論拠はこの歴史の重みへの認識であります。自分の国の歴史の重みを感受することのできる人だけが、日本国民としての誇りに生きることができます。そして祖国の歴史の有するその重みの中には言ふまでもなく靖國神社が象徴する国難とその克服に関はる苦難の歴史が含まれてゐるのであります。

（神社本庁編『靖国神社』ＰＨＰ研究所　平成24年）

3

天皇陛下御親拝の実現を願って

みたま祭の公共性に再認識を

平成30年6月27日　産経新聞「正論」

靖国神社の創建記念日を前に

平成30年が明治維新百五十周年の記念年である事は夙《つと》に広く意識されてゐた。関連して明治2年6月29日に東京招魂社として創建された靖国神社が明年やはり百五十周年の記念年を迎へる事が直ぐに意識に上つて来る。本年の御創立記念日祭も間もなく斎行される。

神社創建以来百五十年の歴史は昭和21年1月を境として判然と二つに分けられる。前半の78年は別格官幣社として国家の手厚い保護を受ける社格であつたが、後半の72年は敗戦に伴ふ占領軍の露骨な敵視政策のために国家護持の絆を断ち切られ、単立の一宗教法人としてのみ存立を認められるといふ苦境に陥れられた。

米占領軍による靖国神社への迫害を決定付けたのは昭和20年12月15日発令の所謂《いわゆる》神道指令である。これは神社神道の概念で統括される日本の神社界一般に向けての排除と圧迫の占領方針の具体化であるが、当然、明治40年締結の国際条約であるハーグ陸戦法規第43及び第46条に真向から違反する非合法の行政指令にすぎない。

それが占領軍の違法命令である以上、昭和27年4月28日の平和条約発効、国家主権の回復を以《もっ》て無効となり、事実、枝葉に渉《わた》る禁止項目は消滅したのだが、その根幹を成す所の狭量な政教分離原則は占領軍急造の日本国憲法の中に生き残つてしまつた。そしてこの偏向した原則から生ずる束縛のために靖国神社は主権回復の後に及んで猶《なお》、国家による護持と受けてゐた崇敬とを戦前と同じ姿のままに保全することは出来なくなつた。現在の靖国神社の経営形態は、米軍による全国土占領中の時期と基本的には変らない逆境の中に置かれ続けてゐる。

その逆境にも拘《かかわ》らず靖国神社が伊勢・出雲・賀茂等の全国有数の由緒の古い神宮・神社に劣らない多くの崇敬者大衆を擁し、四季を通じて変らぬ社頭の賑《にぎ》はひを呈してゐるのは何故《なぜ》か。答《こたえ》は、このお社には旧式内社や旧官幣大社等に具《そな》はつてゐるのと同質の「国民的公共性」が存するからである。

深い民族的叡知が働いた

その公共性の説明とも立証ともなるのが、7月13日の前夜祭に始まり16日までの4日間に亙《わた》る「みたままつり」の賑はひである。

発祥は実は古い話ではなく、昭和21年7月の新暦での盂蘭盆《うらぼん》の時期に、米占領軍の敵視政策によつて如何《いか》にも荒れた淋《さび》しい風情に陥つてゐた靖国神社に、長野県遺族会の有志の人々が集合し、米軍の許可を何とか取付けて英霊を慰めるための盆踊りを境内の相撲場で催したのがその起りである。この盆踊りの思ひがけない成功に啓示を受けた神社側が、翌昭和22年には神社主催の形で続行し、以後占領期間中も憚《はばか》る事なく慰霊行事として続けてゐた。爾来《じらい》既に70年を超える歴史を閲《けみ》した。

この祭《まつり》は、現在では例年1万基を超える大型の、2万基に近い小型の提灯《ちょうちん》の奉納、及び約300人の有志が揮毫《きごう》し献納する懸ぼんぼりが呼物の「光の祭典」として東京の夏の代表的風物詩となつた。この祭の日程を新暦のお盆行事に重ね合はせる形に組んだ発案者の着想には、思へば感嘆に値する深い民族的叡知が働いてゐる。

孟蘭盆会《うらぼんえ》の起源は、国の正史たる六国史に記載されてゐる古い話で、推古天皇の14年、聖武天皇の天平5年の夫々《それぞれ》7月半ばにそれと推定される宮中祭儀の記述があり、平安時代後期にそれが宮中から出て民間に広がり、魂祭《たままつり》と呼ばれる仏教的習俗として各地に普及して行つた。それが先祖の霊への供養の祭として庶民の間に敬虔《けいけん》に受容されて行つた次第は『今昔物語』にも例証となる哀話が見える。

敬神崇祖の心呼び戻す

靖国神社の英霊に捧《ささ》げる鎮魂の祭をかうした由緒正しく歴史の古い国民的宗教行事に結びつけ、且《か》つそれが現代の大衆社会に見事に定着したといふ事実は、上記したこの神社の国民的公共性の顕現の徴表として甚だ重要である。

靖国神社に祀《まつ》られてゐる二百四十六万六千余柱の英霊の祭は、その遺族・関係者一統のみに任せておいてよいものではない。御祭神は全て、日本国民全体の公共性の上に基盤を有する民族の守護霊である。それは各家のお盆の魂祭がこの神社の場合にはみたま祭といふ敬称をつけて呼ばれてゐる事にもよく表れてゐる。

少子高齢化の人口動態に加へて全国民人口の逓減といふ悲観的な趨勢《すうせい》の中で、民間の各家庭での先祖の魂祭の習俗も現に衰へつつあるのではないかとの憂慮が深い今日、みたままつり自体が日本人の敬神崇祖の心性を記憶に呼び戻すよすがとなり得るのではないか。

仄聞《そくぶん》する所によれば、平成27年から昨29年まで警備上の懸念ありといふ理由で中止されてゐたみたま祭期間中の露天商の出店が、本年は復活する動きがあるといふ。靖国神社の祭は招魂社としての御創建当初から、元来大衆の親愛と支持に依存するための余興的魅力を多分に具へてゐたものである。国民的公共性の観点からしても露店の復活を通じての大衆的賑はひは歓迎に値する朗報である。

歴史の是正を世界に宣揚せよ

平成30年8月10日　産経新聞「正論」

昭和21年から算《かぞ》へて73回目の「終戦の詔書奉戴記念日」が近づいてゐる。本年の記念日が平成の元号を以て呼ばれる時代の最終回になる事に多分に感慨を覚える。

靖国御親拝の環境整えよ

感慨の所以《ゆえん》は幾つかあるが、その一は、国民の悲願である今上天皇の靖国神社御親拝に最も相応《ふさわ》しい日がこの記念日なのであるが、私共の熱望は遂に叶へられる事無きままに平成の御代は過ぎ去りゆくのではないか、との危惧の念に発する憂愁の思ひである。

今上天皇は平成28年8月8日、御自身の譲位の御意向に対し国民の理解を求める御諚《ごじょう》の中で、御即位以来「国民統合の象徴」としての新憲法下での天皇の在るべき様について種々の摸索を重ねてきたと仰せられてゐる。それは第一に国民の安寧と幸せを祈る事であり、同時に各地での国民との直接の触合ひ、殊に大災害時にはどんな遠隔の僻地《へきち》や離島にも慰問と激励の旅に赴く事が天皇の象徴としての行為として重要だつたとの認識をお述べになつてゐる。直接の御言及はなかつたが、硫黄島、沖縄をはじめ、サイパン、パラオ、フィリピン等、国外の戦蹟地にも皇后とお揃ひで戦歿者慰霊の巡礼を果たされた御事蹟に国民は深い感銘を心に刻んでゐる。

それは又、先帝陛下が戦争終結を命ぜられた詔書の字眼をなしてゐる一節〈朕ハ……堪へ難キヲ堪へ忍ヒ難キヲ忍ヒ以テ万世ノ為ニ太平ヲ開カムト欲ス〉に籠《こ》められた大御心を御自身の治世の代に承《う》け継がれ、実際の行動を以て体現された、洵《まこと》に尊いお気持の表れである事を国民はよく理解してゐた。

それだけに、さうした〈戦陣ニ死シ職域ニ殉シ非命ニ斃レタル〉臣民への鎮魂の儀礼の文字通りの象徴となるべき靖国神社への御親拝が、御即位以来未だに実現してゐない事は、国民にとつて解き難い不審の一事であつた。

おそらくは、先帝陛下が昭和50年11月に、御微行の如《ごと》き控へ目な靖国神社行幸を果たされた際の、異様な政治問題化が今上陛下の御親拝未済の最大の原因であらう。

この問題を政治の面で解決し、両陛下の靖国神社への行幸啓に何の支障もない環境を用意し奉るのが政府の責任だが、爾来歴代の内閣はこの重大な責務を怠り続けた。宮内庁の如き弱体な官庁の責任は敢へて問ふ気にならない。罪は政府中枢の懈怠《けたい》にあり、又対日戦争で痛めつけられた旧敵国の怨恨《えんこん》と悪意を毅然として遮断する策を執れなかつた外務省の怯懦《きょうだ》と不見識にある。政府や外務省の弱腰の究極の原因は所詮70年間我が国の知識人の心性を毒し続けた東京裁判史観による責罪意識である。

「日本断罪史観」脱却の動き

然《しか》しこれは近年の安倍晋三首相の国際政治の舞台での成功とその存在感の効果による所が大きいのだが、旧連合国を中心とする国際社会での日本断罪史観の暗い翳《かげ》は明らかにその影響力を減殺してゐる。その圧力に対し我が国の思想界の一劃《いっかく》から発する強い反撥《はんぱつ》は、従来歴史修正主義といふ貶斥《へんせき》的な呼称を以て片付けられてしまふのが通例であつたが、昨今ではむしろ修正を要求する側の正当性が承認される傾向が顕著になつてきてゐる。

例へば「史実を世界に発信する会」の英文の送信にアメリカ合衆国の歴史家から肯定的な反応が戻つてきたり、大東亜戦争は日本の自衛戦争であつたといふマッカーサーの上院証言や同じ趣旨のフーバー回顧録が想起され、改めて関心を惹《ひ》くといつた現象もある。

今や日本国民は全世界に向けて歴史修正の要求を高らかに宣言すべきである。その昂然《こうぜん》たる態度表明こそが、自由主義が主導する形での世界秩序の再編成と永続的安定への出発点となる。行動の具体的方策を言ふとすれば、日本国民が請願法に基く請願権を行使して天皇陛下に、そして内閣総理大臣に、例大祭の期間中でもよく、終戦記念日ならば更によいが、靖国神社への参拝を励行して頂く事である。それが実現すれば、国民統合の象徴としての天皇の御親拝は即ち日本国民の統一せる意志の発露として、国家国民の守護神である靖国の神霊達への崇敬を国の内外に表明したことになる。

万世の為に太平開く決意を

それは国民の祖霊信仰一般と共通する所の多い守護神信仰の民俗的宗教的現実を証示するにすぎないとの見方もあらう。だが靖国神社は、その本質に照らしてむしろ遺憾ながらといふべきであるが、民俗的次元を超えて濃い国際政治的意味を帯びてしまつてゐる国家的宗教施設である。我々は不本意ながら靖国神社の政治的意味を活用する事が可能である。

即ち天皇陛下の御親拝を国民が挙《こぞ》つて請願する事を通じ、我々は神社御創建以来の我が国の現代史の履歴を信念を籠めて肯定し認承する事になる。戦後の誤れる風潮によつて奪はれてゐた歴史を再び我手に取り戻し、その意味を誇りを以て世界に向けて宣揚する事、それが万世の為に太平を開かむとの決意の表明になるであらう。

あとがき

本書に収録した諸篇は、巻頭の「天皇＝象徴観の淵源と定着」のみが、平成三十年秋十月の書き下し新稿で、あとは全て諸種の媒体に掲載したものの再録である。

思ひがけぬ御代替りが目前に迫り、三十年間使ひなれて来た平成の元号との訣別が近づいたことで、これは多くの文筆に携《たずさわ》る人々の共有する感慨ではないかと思はれるが、平成の御代と共に過した自分の内面生活の一区切りとして何か記念の紙碑を作つておきたいといつた思念が湧いて来た。教職を退いて以来市井に隠れ棲んで十五年余り、表立つては何等為す所無き薄才の老骨にも、自分なりに時代の流れから生じてくる日々の要求と渉り合ひ、物を思ひ、許される限りでの発言は続けて来た、との自覚はある。そこから生ずるささやかな欲求である。

幸ひ所謂保守の姿勢が明確な複数の定期刊行物が、著者が世に向けて物を言ふ紙面を提供してくれてゐた。そこに著者は、皇室の末長き御安泰を願つての種々の論策の試み、崇敬会の末端に列《つらな》る者としての靖國神社崇敬奉賛の志、自主憲法制定促進の訴へ、国家安全保障に向けての民間人としての当為の念、元来教育研究職に在りし身としての我が国の学問の将来に対する憂慮等の領域での発言の記録はかなりの件数に達してゐた。
その全ての領域に亙つての落穂拾ひでは一巻の論集としては散漫に過ぎると思はれたので、今回は上記の諸分野の内の頭記の二項、即ち皇室の彌栄を願ふ心と靖國神社の尊厳を擁護せんとの志に発した文字類との二つの主題に絞り、且つ此処十年以内に印刷発表したものといふ枠の中から選んで二部仕立ての論集に編んでみる事とした。その殆どが既発表の文字なのであるが、この際日刊新聞等からの再録に当つては初出の文章に原則として変更や修訂を加へる事なく、謂はば著者の過去の発言に今でも責任を取るといふ意味で、表記法の不統一が生ずる瑕疵《かし》にも眼を瞑《つむ》つて誤記訂正以外は全て原形のままとして選んだ。

*

第一部の冒頭に置いた天皇＝象徴論のみが新稿であるが、これとても平成三十年十月二十三日、公益社団法人日本弘道会主催のシンポジウム「日本の皇室を考える—天皇陛下の御退位を目前にして—」の基調講演をお引受けするに当つてそのノートとして草したものであるので、その要旨は既に口演としては既発表である。且つそのシンポジウムの全体は日本弘道会の機関誌「弘道」の第一一一七号（平成三十年十二月三十一日発行）に忠実な筆記録が収載されてある。口頭発表に際しては会の現場の空氣に対する顧慮《こりょ》といふ事もあつて、個人に向けての圭角のある観察や評語を用ゐる事を心して避け、表現も穏当なものにとどめておく事に留意したが、元来のノートは本書に掲げた如きかなり無遠慮なものである。

それに続く八篇の短章は、産経新聞の「正論」欄を始めとするいくつかの小規模の新聞の意見欄に寄せた論策類で、初めに平成二十一年の元旦の産経に載つたものを敢へて再録した。それは筆者が十年前から折に触れては反復主張してゐる持論の開陳が如何に何の効果をも収め得てゐないかを、客観的即物的事実として示すためでもある。それが著者の識見の器量不足に由来するにすぎないといふ事態ならばむしろ氣が楽である。文字通りに十年一日の如く同じ意見を世に向つて訴へ続け、格別の反論も受けないままにしかも一向にこの類の論策の効果らしきものが見られないままに過ぎてゐるといふ事は、もしや凡そペンの力などといふ観念の虚妄を証する冷厳な現実なのかもしれない。さう考へると氣が滅入る。とにかくこの第Ⅰ部2の幾篇か短章は、一括して見て著者の言論戦の無慙《むざん》な非力と敗北の記録をなしてゐるだけである。

＊

第Ⅱ部の1「国民精神の支柱としての靖國の記憶」は平成十七年三月に神社で開催された第六回英霊慰霊顕彰勉強会で講じたものの速記録を、会の主催者であり論集『日本人なら知つておきたい靖國問題』の編纂・刊行者の御承認を得てここに転載したものであるから、爾来《じらい》既に十四年を経過した古い論策である。それを敢へて再録したのは、ここにも上記の弁明と同様、そこで問はれてゐる「公」の精神の衰退とそれに対処すべき公教育の機能不全といふ問題が依然として危急の状態であり続けてゐるからである。つまりその勉強会を開催した有志の人々の志はまだ目的を達成するに至つてをらず、今でもなほ同じ訴へを反復せざるを得ない状況があると判断した結果である。なほ本書中この一文だけは、初出の稿体に表現・修辞の上で相当の筆削と修訂を施し、原形とはかなり違つた形になつてゐる事をおことわりしておく。

次に置いた「近代史の苦難の象徴　靖國神社」も平成二十四年刊行の単行本からの再録であるからかなり時日が経つてゐる。この文では発表当時の現職政治家達に向けて、靖國問題への無理解や偏見を問ひ糾す、厳しい評言が連ねてあつた部分を、その人達が今はその地位を去つてゐる故に糺問《きゅうもん》の役割は終つたと見做《みな》して殆ど全てを削り去つた。この削減以外には表現上の修訂は微少である。

この二文の後に、再び産経新聞の「正論」欄から、極く最近の二篇を、これも新聞掲載のままの表記で再録した。

以上、旧稿の転載を快く御承認下さつた編纂・出版者各位の御寛容と、新味のない文反《ふみほ》古類《ご》の編集・整理に懇切な努力を傾けて下さつた明成社の大橋岳彦氏に改めての感謝の意を表明し、本書の構成についての解説を兼ねた後記としておく。

平成三十一年三月吉日

著者

著者略歴

小堀 桂一郎（こぼり　けいいちろう）

東京大学名誉教授。文学博士。昭和8年東京生まれ。東京大学文学部卒業後、旧西ドイツ・フランクフルト大学留学。東京大学大学院博士課程を修了し、平成6年まで東京大学教授。平成16年まで明星大学教授。現在、日本会議副会長。乃木神社中央乃木會会長。

主な著書に、『宰相鈴木貫太郎』（文藝春秋）、『森鷗外―批評と研究』（岩波書店）『靖国神社と日本人』『昭和天皇』『再検証東京裁判』（以上PHP研究所）、『和歌に見る日本の心』『皇位の正統性について』（以上明成社）等がある。

象徴天皇考《しょうちょうてんのうこう》

平成三十一年四月十日　初版第一刷発行

著　者　小堀桂一郎
発行者　西澤和明
発　行　株式会社明成社
〒一五四―〇〇〇一
東京都世田谷区池尻三―二一―二九―三〇二
電話　〇三（三四一二）二八七一
FAX〇三（五四三一）〇七五九
https://meiseisha.com
印刷所　モリモト印刷株式会社
乱丁・落丁は送料当方負担にてお取り替え致します

ISBN 978-4-905410-54-6 C0021